FACULTÉ DE DROIT DE PARIS,

THÈSE

POUR LE DOCTORAT

PAR

Amédée MARTENOT.

BEAUVAIS,

IMPRIMERIE EUGÈNE LAFFINEUR, PLACE SAINT-MICHEL.

—

1872.

ERGA FRATREM ET ERGA AMICUM PIETAS.

DES OBLIGATIONS

RÉSULTANT

DE LA PATERNITÉ ET DE LA MATERNITÉ

THÈSE POUR LE DOCTORAT

Présentée et soutenue le Lundi 8 Juillet 1872, à deux heures,

PAR AMÉDÉE MARTENOT.

Président :	M. BEUDANT,	Professeur.
Suffragants :	MM. COLMET-DAAGE, DUVERGER, GÉRARDIN,	Professeurs.
	GARSONNET,	Agrégé.

BEAUVAIS,

IMPRIMERIE EUGÈNE LAFFINEUR, PLACE SAINT-MICHEL.

—

1872.

INTRODUCTION.

Etudier dans nos lois actuelles l'obligation pour les père et mère de reconnaître et élever leurs enfants ; en suivre, à travers les siècles passés, les traces dans le droit romain, tel est le but de notre thèse, et tel est le plan d'où résulte la division de ce travail.

L'enfant qui vient au monde naît avec un droit absolu en principe, le droit à l'éducation. Ce droit à l'éducation comprend à la fois et le droit d'être reconnu et le droit d'être élevé.

Les père et mère sont de par la nature comme par la raison responsables de l'existence de leur enfant. Ils doivent à ceux à qui ils ont imposé l'existence les premiers soins nécessaires à la vie, et la protection jusqu'au temps où ceux-ci pourront se suffire à eux-mêmes et diriger une nouvelle famille. C'est une loi que les animaux connaissent, et que l'homme, être raisonnable, ne saurait oublier. Mais ceux-là qui l'ont créé, ne doivent pas seulement compléter la vie physique de l'enfant, prendre soin de sa personne et de sa fortune ; il leur faut développer son intelligence et former son cœur : de l'enfant, ils doivent faire un homme, un être libre et responsable.

Avant tout, les père et mère doivent reconnaître leur enfant comme le fruit de leurs œuvres, car c'est dans la reconnaissance qu'ils trouveront l'obligation de l'élever; et cela est si vrai, que, si les parents ne l'ont pas reconnu, l'enfant peut judiciairement rechercher et faire constater les rapports qui le rattachent aux auteurs de ses jours.

Ce droit n'a pas toujours été reconnu à l'enfant, et aujourd'hui il ne lui est pas attribué d'une façon absolue.

A Rome, les devoirs de la paternité sont nuls : l'enfant n'a aucun droit : la puissance du chef de famille est tyrannique et arbitraire, et conçue entièrement dans l'intérêt du père seul. Cependant, sous l'empire, on commence à s'intéresser un peu à l'enfant, et on en vient à lui donner le droit de rechercher et son père et sa mère, mais on ne lui accorda jamais qu'un droit alimentaire contre ses parents.

Chez nous, la loi civile reconnaît le devoir indispensable et sacré dérivant pour les père et mère du seul fait de leur union, mais le Code Napoléon admettant trois espèces différentes de filiation, autant nous avons de sortes d'enfants; autant de sortes de droits.

Après avoir établi dans l'article 203 l'obligation pour les père et mère de nourrir, élever et entretenir leurs enfants, la loi donne aux parents légitimes l'autorité suffisante pour la remplir dans toute son étendue et sans obstacle. La puissance paternelle est donc conçue, comme cela doit être, dans l'intérêt de l'enfant; elle n'a pas d'autre cause, pas d'autre but. Elle n'est point, à proprement parler, un droit, mais elle n'est que la conséquence immédiate et nécessaire des premiers devoirs de la paternité, un moyen pour arriver à l'accomplissement de ces devoirs.

L'enfant né hors mariage n'a pas le droit de forcer son père à le reconnaître ; il ne peut donc lui réclamer sa dette d'éducation. Il peut rechercher sa mère, mais son action n'a qu'une portée restreinte. S'il est reconnu ou si sa filiation est judiciairement établie, il a comme l'enfant légitime le droit d'être élevé.

Si c'est un enfant naturel incestueux ou adultérin, ses parents eux-mêmes ne peuvent pas le reconnaître, et si, malgré cette défense, si, malgré la volonté de la loi, sa filiation se trouve légalement constatée, son droit à l'éducation se réduit à un simple droit alimentaire.

Mais le devoir des père et mère une fois rempli se change en un véritable droit. L'enfant, redevable de l'existence envers ses parents, leur doit la reconnaissance ; quand ceux-ci seront dans le besoin, il lui faudra les secourir, et pendant tout le temps de la vie il leur devra honneur et respect.

ÉTUDE HISTORIQUE.

—

DROIT ROMAIN.

—

TITRE PREMIER.

Des caractères et des attributs de la puissance paternelle.

A Rome, la famille présente, à l'origine, une physionomie particulière, et la puissance paternelle surtout offre un des traits les plus caractéristiques de la législation romaine. La famille, qui doit être fondée sur le mariage et les liens du sang, a pour base un lien de droit civil, la puissance.

Un seul est indépendant, un seul est propriétaire du patrimoine, le chef seul est maître de la famille. Le rôle de la maternité reste parfaitement nul ; la femme sert d'épouse à un mari, et donne des descendants à une famille qui n'est souvent pas la sienne et à qui ses enfants eux-mêmes sont parfois étrangers.

Pendant longtemps, l'idée d'un droit pour l'enfant fut méconnue, et même durant les beaux jours de la République il est impossible de citer quelque devoir prescrit au père. Il n'est question que des droits du *pater familias* sur la personne de ses enfants qui ne peuvent invoquer vis-à-vis de leur auteur le droit ni à la vie, ni à la protection, ni à la liberté. Mais quand, après la révolution impériale, la grande et salutaire influence du christianisme se fait sentir, les mœurs s'adoucissent, la famille tend à devenir de plus en plus humaine, en se rattachant aux affections naturelles et en se débarrassant de ses entraves civiles et politiques.

Néanmoins, telle qu'elle était organisée dans le dernier état du droit, la puissance paternelle était encore beaucoup trop rigoureuse. La mère, qui a les mêmes devoirs à remplir envers ses enfants, n'eut jamais rien de la puissance du père. Le père vint-il à mourir, l'enfant étant encore impubère et ne retombant sous la puissance d'aucun aïeul, la mère n'eut jamais d'autre autorité que celle accordée à un tuteur (1). Jusqu'à Justinien, sauf la qualité de flamine ou de vestale, ni l'âge, ni les dignités des enfants ne faisaient obstacle à la puissance du père de famille. Cette puissance s'étendant sur tous les descendants des fils et ne finissant que par la mort ou la volonté du chef de la famille, un citoyen pouvait donc être sa vie entière sous la puissance d'un ascendant.

(1) Dans l'ancien droit, les femmes étaient en tutelle perpétuelle. La mère était exclue de la tutelle comme de la puissance paternelle qui n'appartenait qu'aux hommes. Mais, sous l'Empire, la femme arrive à être tutrice de ses enfants, en vertu d'une autorisation toute spéciale de l'empereur (L. 18, D., *De tut.*). Dans le Bas-Empire, d'après une constitution de Valentinien, Théodose et Arcadius, la mère peut avoir la tutelle de ses enfants sur sa demande, pourvu qu'elle prenne l'engagement de ne pas se remarier (L. 2, C., 5, 35). Sous Justinien, la mère et la grand'mère, sans nécessité d'une demande individuelle, sont appelées à la tutelle quand il n'y a pas de tuteur testamentaire; il faut seulement qu'elles renoncent à un second mariage et au bénéfice du sénatus-consulte Velléien (Nov. 118, ch. 5).

Lorsque le fils de famille se mariait, il ne fondait pas une nouvelle famille, il restait encore dépendant, et le soin de ses enfants appartenait à d'autres qu'à lui. De même, s'il est bon, pendant le temps que l'enfant reste incapable et n'a besoin que d'être élevé et dirigé, qu'un père ait la jouissance des biens de cet enfant, il est parfaitement injuste que le père, tenu seulement de lui fournir les aliments nécessaires à l'existence, profite, pendant toute sa vie, de la fortune que l'enfant peut acquérir et posséder.

Dès les premiers rois de Rome, le pouvoir du père était absolu. Le besoin de force et d'unité fut la cause de ces institutions contraires à la nature et à la raison, et si conformes à la constitution sociale et au génie politique de Rome. Cette puissance paternelle, toute civile, toute politique, s'affirme tellement absolue, arbitraire, toute au profit du maître, que les enfants et le patrimoine du chef furent confondus ensemble sous une seule et même dénomination, *familia*. Les fragments qui nous restent des quatrième et cinquième tables des décemvirs sont à cet égard aussi brefs que significatifs (1).

Ainsi le père peut disposer de ses enfants, comme il ferait de toute autre chose; il peut les tuer, les abandonner, les vendre, comme il ferait de ses esclaves ou de ses troupeaux, c'est son droit (2). Ce sont ces lois de fer, *ferrea jura* (3), qui feront dire à Gaius : « *ferè enim nulli alii sunt homines qui talem in filios suos habeant potestatem qualem nos habemus* (4), »

____

(1) *Si pater filium ter venum duit, filius a patre liber esto.* — *Uti legassit super pecunia tutelave suæ rei, ita jus esto.*

(2) Gaius, *Com.* I, §§ 110-120; — L. 11 D., *De liber. et post.*

(3) Virgile, *Georgiques,* II, v. 522.

(4) G., C. I, § 55.

« Il n'y a peut-être point d'autres hommes qui aient sur leurs enfants une puissance semblable à celle que nous avons. » Ce n'est donc pas l'union du sang qui fait la famille; la mère n'entre pas par le mariage dans la famille de ses enfants; ses enfants y sont parfois eux-mêmes étrangers; des personnes étrangères par le sang en peuvent faire partie. La famille romaine est une pure création du droit civil : elle a pour fondement essentiel le pouvoir despotique du chef à qui la famille, personnes et biens, appartient tout entière; le *pater familias* rompt ou noue, à sa volonté, l'attache qui unit les cognats membres de la même famille, donne ou fait perdre à qui il veut la parenté civile qui confère les droits de famille, l'*agnatio* (1).

La puissance paternelle est exclusivement attachée à la qualité de citoyen romain; c'est un attribut propre du père ou de l'ascendant mâle. Elle s'exerçait sur les enfants issus soit du mariage du père, soit du mariage du fils en puissance, sur les enfants adoptifs et sur les enfants légitimés (2). Elle se perdait avec la liberté, avec le droit de cité, comme avec la vie; et si, dans l'ancien droit, la dignité de flamine libérait les fils, la dignité de vestale libérait les filles de cette puissance (3), la promotion au grade de général, de consul, de sénateur, n'avait pas cet effet. Mais Justinien déclara hors de puissance les patrices, et plus tard les consuls, les préfets et les évêques (4).

La volonté du père, de ce maître absolu, faisait sortir les

(1) Ortolan, *Généralisation du Droit romain;* Troplong, *Influence du Christianisme sur le droit privé des Romains;* Vazeille, *Du mariage.*
(2) Gaius, *Com.* I, § 65; Just., *Inst., De nuptiis,* § 13.
(3) G., I, 130.
(4) L. 12, C., 3, 5; Nov. 81.

enfants de sa puissance. Toutefois, pour l'émancipation, le consentement de l'enfant était nécessaire. Quant à l'enfant, on comprend qu'il ne puisse contraindre le *pater familias* à le libérer de la puissance paternelle (1). Cependant Justinien s'exprime à cet égard de manière à nous montrer que la règle comportait certaines restrictions : « *neque naturales,* dit-il, *neque adoptivi liberi, ullo pene modo possunt cogere parentes de potestate suâ eos dimittere* (2). En effet, l'impubère qui s'est donné en adrogation, une fois parvenu à l'âge de puberté, peut réclamer la *restitutio in integrum,* et, s'il prouve qu'il a été *in ipsâ adrogatione circumventus,* obtenir son émancipation (3).

Nous pouvons encore rapporter plusieurs autres cas où le père était malgré lui dépouillé de la puissance paternelle, mais où cette déchéance se présente comme un châtiment. Ainsi nous voyons Trajan forcer un père à émanciper l'enfant qu'il maltraitait; Théodose et Valentinien retirent la puissance au père qui *suis filiabus peccandi necessitatem imponit* (4); La Novelle, 12, chap. II, dispose que le père qui ayant des enfants légitimes d'un mariage antérieur vit dans un commerce criminel, est puni de la double perte de ses biens et de la puissance paternelle. Nous verrons, en parlant de l'exposition des nouveaux-nés, que si un père a exposé son enfant, il ne saurait réclamer ses droits sur la personne de cet enfant qui par hasard aurait survécu.

La puissance paternelle cesse encore par la volonté du

---

(1) L. 31, D., 1, 7.
(2) *Inst.*, § 0 *in fine, Quibus mod. jus pot. solv.*
(3) LL. 32 pr., et 33, D., 1, 7; L. 3 § 0, D., 4, 4; v. Demangeat, t. I, *Droit romain.*
(4) L. 12, C., 1, 4.

père quand il donne ses enfants en adoption ou se donne avec eux en adrogation. Mais, dans le droit de Justinien, la puissance paternelle n'est perdue par l'adoption qu'autant que l'enfant est donné en adoption à quelqu'un de ses ascendants (1).

Voyons maintenant avec quelques détails les droits du père sur la personne et sur les biens de ses enfants, et examinons les transformations subies successivement par ces droits de puissance paternelle.

CHAPITRE PREMIER.

Droits du père sur la personne de ses enfants.

§ 1er. — *Droit de vie et de mort.* — *Droit de correction.* — *Abdicatio.*

Les textes nous apprennent l'existence du droit de vie et de mort (2). L'histoire elle-même nous montre le Romain jaloux de sa puissance, traduisant au tribunal domestique et immolant à sa vengeance le fils rebelle à ses volontés (3).

Le droit de vie et de mort sur les enfants apparaît dès les

(1) *Inst.*, § 2, *De adopt.*; § 3, *Quib. mod. jus pot. solv.*
(2) L. 11, D., 28, 2; L. 10, C., 8, 48.
(3) Val. Max., liv. V, c. 28, n° 2; *id.*, n° 5; Sall., *Catilina*, n° 39.

premiers rois de Rome (1). Denys d'Halicarnasse (2) rapporte que Romulus imposa aux citoyens l'obligation d'élever leurs enfants mâles et les aînées des filles, et ne permit de tuer aucun enfant qui eût moins de trois ans. Si les enfants étaient difformes ou monstrueux, on pouvait et même on devait les exposer aussitôt après leur naissance, après avoir fait constater la difformité par cinq témoins pris parmi les plus proches voisins. Par cette mesure politique, Romulus cherchait évidemment à peupler la ville, et il conciliait en même temps la loi qui donnait aux pères sur leurs enfants le droit de vie et de mort et celle qui défendait de les exposer. La loi des XII Tables ne changea pas ces dispositions prises par Romulus, et elle ordonna aussi l'exposition des enfants qui ne devaient pas un jour être utiles à la patrie (3).

Les mœurs perdirent peu à peu de leur férocité, et le christianisme ramena le droit politique et barbare de Rome aux aspirations de la loi naturelle. Le droit de vie et de

---

(1) « *At Romanorum legislator (Romulus) omnem, ut ita dicam, potestatem in filium patri concessit, idque toto vi'æ tempore : sive eum in carcerem conjicere, sive flagris cædere, sive vinctum ad rusticum opus detinere, sive occidere vellet....* » (D. d'Hal., *Arch.*, II, 26, 27). Le droit de justice que le père exerçait dans sa maison était absolu. Aucune autorité ne pouvait modifier ses arrêts. De même que le père de famille relevait de la cité, sa femme et son enfant étaient soumis à son autorité. Mais il ne faut pas croire cependant que le droit du père sur ses enfants fût arbitraire d'une façon absolue. Il était l'unique magistrat dans l'intérieur de la famille; mais quand il punissait de mort, c'était comme juge, après avoir traduit le coupable à son tribunal domestique. (V. Fustel de Coulanges, *la Cité antique.)*

(2) *Archæol.*, II, 15.

(3) V. Montesquieu, *Esprit des lois;* Cicéron, *De leg.*, liv. III, 8.

mort disparut de lui-même. Il est impossible de déterminer l'époque à partir de laquelle les pères furent dépouillés de leur redoutable justice. Les uns fixent cette époque au temps d'Auguste; d'autres, au temps de Constantin; d'autres encore, à celui de Trajan, Adrien, Antonin. M. Troplong croit que le *jus vitæ necisque* périt définitivement le jour où Erixon, chevalier romain du temps de Sénèque, qui avait fait mourir son fils dans les châtiments, fut poursuivi dans le forum à coups de poinçon par le peuple indigné. Quoi qu'il en soit, un certain nombre de textes au digeste suppose ce droit aboli, mais aucun n'en prononce formellement l'abrogation. Les mœurs plus que les lois en auraient fait justice.

Dépouillé du droit de vie et de mort, le père avait conservé sur ses enfants, quel que fût leur âge, quelle que fût leur position, le droit de correction par voie de châtiments. Les enfants restaient sans défense contre les mauvais traitements qu'un père cruel pouvait impunément exercer contre eux. Cependant les empereurs, revêtus d'une autorité souveraine, pouvaient, par quelque disposition particulière, réprimer les excès qui étaient portés à leur connaissance. C'est ainsi que Trajan, d'après le témoignage de Papinien, commença à prendre des mesures contre les abus de la puissance conservée aux pères de famille. Ce prince exigea d'un père qu'il émancipât son fils *quem malè contra pietatem adficiebat* (1), et, ce fils étant venu à mourir quelque temps après, l'empereur, conformément à l'avis de Neratius Priscus et d'Ariston, refusa à ce père indigne les droits de succession comme *parens manumissor*.

(1) L. 5, D., 37, 12.

Alexandre Sévère apporta au droit de correction un certain tempérament. Il voulut que, dans les circonstances graves, le père traduisît son fils devant le magistrat. Celui-ci devait, il est vrai, prononcer la peine dictée par le père, mais le temps apaise les plus violents courroux (1). La faute commise devait-elle faire encourir la peine de mort, le père ne pouvait plus être juge; il lui était permis seulement d'accuser son fils devant le préfet ou le président de la province, et l'enfant avait, contre la colère paternelle, la défense et la protection du magistrat (2).

Plus tard encore, le droit de correction des enfants mineurs de vingt-cinq ans est confié non plus seulement au père, mais aux proches parents âgés. Si la gravité du fait dépasse la compétence de ce tribunal domestique, l'enfant coupable sera traduit devant le magistrat (3).

Constantin déclara enfin que si un père devenait le meurtrier de son enfant, *si filii fata properaverit sive clam, sive palam*, il devrait être frappé de la même peine que le fils parricide (4).

Néanmoins, il ne faut pas croire que le *jus vitæ necisque* ait complétement disparu. La loi Julia, en effet, réservait au père le droit d'immoler sa fille par lui surprise en flagrant délit d'adultère. Ce droit était refusé au mari. C'est parce qu'on avait pensé, comme nous le dit Papinien, que l'affection pour sa fille retiendrait le bras du père, et que la jalousie exciterait dans le mari la soif de la vengeance (5).

(1) L. 3, C., 8, 47.
(2) L. 2, D., 48, 8.
(3) L. un., Code, 9, 15.
(4) L. 1, C., 9, 17.
(5) Paul, *Sent.*, liv. II, t. 26; L. 22, D., 48, 5.

Un certain usage qui tenait au droit de correction du père, l'*abdicatio*, avait été par les Romains emprunté à la Grèce. La coutume et non les lois l'avait consacré, et il ne nous est parvenu qu'un seul texte qui en fasse mention et pour le réprouver (1). Mais les témoignages historiques ne nous font pas défaut (2). L'*abdicatio* faisait du fils abdiqué un *alienus*, et le privait de ses droits de succession. Elle se faisait d'une manière quelconque et produisait ses effets immédiatement. Au temps de Justinien, on n'en trouve plus aucun vestige.

§ 2. — *Droit d'exposition des enfants nouveaux-nés.*

Nous avons vu que l'exposition des enfants nouveaux-nés, dans les premiers temps de Rome, était défendue, et qu'elle n'était permise que par exception à l'égard des enfants monstrueux et difformes. Mais la misère du peuple fut plus forte que ne l'était la loi, et cette coutume barbare resta comme un débris de l'ancien droit de vie et de mort. Les pères qui ne pouvaient se débarrasser de leurs enfants en les vendant, les exposaient en des lieux solitaires ou publics, selon qu'ils pensaient les faire recueillir ou les vouer à la mort (3).

Cet usage, qui blessait profondément l'humanité, fut flétri par l'éloquence indignée des philosophes chrétiens. Paul, d'une voix sublime, s'écriait déjà : « Ceux-là ne sont pas les « seuls meurtriers de leurs enfants qui leur donnent la

(1) L. 6, C., 8, 47.

(2) Pline, liv. VII, ch. XIV ; Val. Max., liv. V, tit. 8, § 3 ; Quintillien, *Inst. orat.*, liv. VII, 4, 27.

(3) Lettre de Trajan à Pline, liv. X, 72.

« mort, mais encore ceux qui les repoussent, refusent de les
« nourrir et les exposent, après leur naissance, dans des
« lieux publics, pour inspirer à des étrangers des sentiments
« de pitié qu'ils n'éprouvent pas eux-mêmes (1). » Mais il
faudra que cette coutume devienne un fléau dans l'empire
pour qu'on songe à l'arrêter, et cependant, malgré différentes dispositions législatives, elle dura jusqu'à Justinien.

Il faut arriver à Constantin pour trouver dans les lois une
tentative contre cette odieuse coutume. Trajan, pourtant,
avait décidé que rien ne ferait obstacle à la liberté de l'enfant exposé (2). En 315 et 322 (3), Constantin prescrivit à ses
officiers de fournir des secours en argent ou en nature aux
parents pauvres qui ne pourraient élever leurs enfants. Ce
système de bienfaisance, inspiré par des sentiments d'humanité, fut peu efficace ; aussi fallut-il avoir recours à des mesures de rigueur. Alors, pour encourager ceux qui voudraient
recueillir les enfants exposés, Constantin déclara qu'ils auraient sur l'enfant abandonné un droit que personne, pas
même le père, ne pourrait contester. Le père est privé de la
puissance paternelle ; tout lien est rompu entre lui et sa
progéniture ; des peines lui seront infligées s'il vient troubler
la propriété du nourricier. Celui-ci élèvera l'enfant, à titre
d'enfant ou de *mancipium*, suivant l'intention qu'il en aura
manifestée dans un acte dressé devant témoins ou signé par

---

(1) L. 4, D., *De agnoscendis et alendis liberis*, 25, 3 : « *Necare videtur non
tantum is qui partum perfocat, sed et is qui abjicit, et qui alimonia denegat,
et is qui publicis locis misericordiæ causa exponit, quam ipse non habet.* »

(2) Pline le jeune, liv. X, c. 72. Trajan ne fit qu'étendre l'application
d'une décision qu'il emprunta à Domitien, et relative seulement à quelques
provinces.

(3) LL. 1 et 2, C. Théod., *De alim. quæ inop. parent.*

l'évêque du lieu (1). Trajan avait voulu que les enfants exposés fussent libres, et Constantin sacrifiait leur liberté; mais il croyait sans doute protéger plus sûrement leur existence en frappant le père et en intéressant les personnes qui voudraient les élever.

Ainsi, l'exposition des enfants était un mal si profondément enraciné, que Constantin n'édicta pas de peines afflictives contre les pères qui se portaient à cette cruelle extrémité. Ce ne fut qu'en 374 que Valentinien déclara passible de la peine de mort celui qui exposerait son enfant (2). Y avait-il donc exposition sans que mort s'en suivît, il fallait appliquer cette disposition de Valentinien; mais si l'exposition avait occasionné la mort, on appliquait la constitution de Constantin (3).

Bien que les parents encourussent la peine capitale en exposant leurs enfants, le nombre des enfants recueillis devint considérable. Comme ces enfants étaient *in mancipio* entre les mains du nourricier, Théodose, ému de cet état de choses, changea la constitution de Constantin. Revenant aux idées de Trajan, il voulut que l'enfant puisse toujours recouvrer sa liberté, sans même devoir indemniser son nourricier (4). Mais les populations étaient guidées par un sentiment d'intérêt plus que d'humanité, et la misère était plus puissante que toute la crainte inspirée par les lois. Aussi les mêmes considérations qui avaient poussé Constantin à édicter sa loi engagèrent-elles Valentinien III à la renouveler (5).

---

(1) L. 1, C. Théod., *De expositis* (an 331).
(2) L. 2, C., 8, 52; L. 8, C., 9, 10.
(3) L. un., C., 9, 17.
(4) L. un., C. Théod., *De patr. qui filios distrax.* (an 391).
(5) Novelle 2 de ce prince.

Mais Justinien reconnaît encore la générosité et l'équité de la constitution de Théodose. Il ne, veut plus que l'on recueille un enfant abandonné pour l'asservir, qu'une action bonne et honorable soit transformée en une honteuse spéculation. L'enfant ne sera donc plus *mancipium;* quelle que soit son origine, ingénue ou servile, il sera désormais traité en homme libre. Quant à ceux qui, apprenant que les enfants exposés par eux sont encore en vie, voudraient les revendiquer, non seulement on ne les écoutera pas, *nec enim suum quis dicere poterit quem pereuntem contempsit,* mais ils seront soumis aux peines les plus sévères pour expier *cædem et calumniam* (1).

La liberté de l'enfant abandonné triomphe donc définitivement avec Justinien.

S. 3. — *Droit de vente.*

Investi du droit de vie et de mort sur ses enfants, le père pouvait les vendre. Denys d'Halicarnasse fait encore remonter ce droit à Romulus.

Le droit du père sur les fils est si énergique, qu'il faut trois ventes successives pour qu'ils soient libérés de sa puissance ; après la première ou la seconde vente, l'acquéreur qui les affranchissait les voyait retomber sous la puissance du père (2).

L'enfant ainsi vendu subissait une *maxima capitis demi-*

---

(1) L. 24, C., 1, 4; L. 3, C., 8, 52; Novelle 153; L. 2, C., 8, 52; v. la L. 1 § 2, D., 22, 0.

(2) Gaius, *Com.* I, §§ 117 à 121 et § 132.

nutio (1), et, entre les mains de l'acquéreur, était *in mancipio*.
Mais si le *mancipium* avait les apparences de l'esclavage, il
en différait essentiellement : la liberté ni l'ingénuité n'étaient
perdues ; les droits de l'enfant subsistaient, et, s'il n'en avait
plus l'exercice, il n'en avait pas du moins perdu la capacité.
La position de l'enfant *in mancipio* était meilleure que celle
de l'esclave et il était protégé de plus contre les mauvais
traitements (2). Chose remarquable, les Romains qui auraient
arraché la vie à leurs propres enfants ne leur pouvaient
enlever la liberté, je veux dire l'ingénuité, car l'enfant, réduit
pour ainsi dire en esclavage, *in servitute*, n'était pas pour cela
un *servus* (3).

Le *mancipium* tomba en désuétude. Au temps de Gaius (4),
il existait encore, mais les enfants n'étaient presque plus
jamais mancipés par leurs ascendants que quand ceux-ci
voulaient les faire sortir de leur dépendance. Paul nous dit (5)
que cette vente n'avait plus lieu qu'au cas de nécessité, quand
le père ne pouvait subvenir aux besoins de sa famille. Antonin Caracalla proclame que le père qui vend ses enfants
commet une action illicite et déshonnête (6). Dioclétien et
Maximien ne permettent pas au père ni la donation, ni la
vente, ni la dation en gage de ses enfants (7). C'est la négation
du droit de propriété du *parens*. Cependant Constantin se vit
obligé de rapporter la loi de Dioclétien pour rendre plus rare

(1) V. Demangeat, *Cours élémentaire de droit romain*, t. I.
(2) G., I, §§ 138 à 141.
(3) L. 10, C., 8, 47.
(4) G., I, 118.
(5) *Sent.*, liv. V, 1, § 1.
(6) L. 1, C., 7, 16.
(7) L. 1, C., 4, 43.

l'exposition des enfants. Il permit la vente des enfants nouveaux-nés, *sanguinolentos*, quand les parents sont dans un
état de dénûment complet (1), et encore le père pouvait-il
toujours reprendre son enfant en désintéressant l'acheteur.
Mais Valentinien, Théodose et Arcadius décidèrent que les
enfants ainsi réduits en servitude recouvreraient leur qualité
d'ingénus, sans qu'aucune indemnité puisse être réclamée
par celui qui les avait achetés (2).

Enfin Justinien reproduisit la constitution de Constantin,
et, en insérant cette décision au Code, il eut soin de la faire
précéder de la constitution de Dioclétien, de sorte qu'en
principe le père ne peut désormais vendre ses enfants, mais
que par exception cela lui est possible, *propter nimiam pau-
pertatem egestatemque, victûs causâ*, et de plus s'ils sont encore
sanguinolenti. Justinien ajoute que toute personne peut, à la
condition de désintéresser l'acheteur, rendre à l'enfant sa
condition première d'ingénu (3).

Mais s'il arriva un temps où la vente des enfants fut
défendue et où elle ne fut tolérée que dans un seul cas par
la force même des choses, le *paterfamilias* eut toujours le
droit de louer les services de ceux qui étaient soumis à son
autorité. C'est ce que Paul nous dit formellement, *operæ eorum
locari possunt* (4).

(1) L. 2, C., *eod. tit.*
(2) L. 1, C. Théod., 3, 3.
(3) L. 2, C., 4, 43.
(4) *Sent.*, liv. V, t. 1, § 1.

§ 4. — *Abandon noxal.*

Si un fils de famille a causé à un tiers un dommage, qu'il y ait *furtum* ou *injuria*, le père peut se soustraire à l'effet de la condamnation ou même prévenir l'action en abandonnant son fils à la partie lésée. Les Romains auraient trouvé injuste et n'admettaient pas que par son propre fait un enfant fût cause pour son père d'un préjudice plus considérable que sa propre valeur, *ultra ipsorum corpora.*

Les actions noxales ont une triple origine: celle du vol est consacrée par la loi des Douze Tables; celle du *damnum injuria datum,* par la loi Aquilia; celles d'injure et de rapine proviennent de l'édit du préteur (1).

Le fils abandonné *noxaliter* pouvait être gardé par celui qui l'avait *in mancipio* tant que bon lui semblait. Le recensement, qui rendait la liberté malgré son maître à l'individu qui était *in mancipio,* n'avait pas d'effet à l'égard de ce *filius familias,* car le maître le garde pour lui tenir lieu de l'argent qui lui est dû, *nam hunc actor pro pecuniâ habet* (2). Mais les jurisconsultes firent admettre que s'il arrivait à se procurer de l'argent et à payer une indemnité suffisante, le magistrat pourrait venir à son secours et, à la suite d'une *cognitio,* l'affranchir avec ou sans l'assentiment du maître.

Mais le père pouvait ne pas défendre son fils. Alors l'action était donnée contre l'enfant. Si ce fils est condamné, comme il ne pourra pas, s'il n'a point de pécule, *judicatum*

(1) Gaius, *Com.* IV, §§ 75 à 79.
(2) Gaius, C. I, § 140.

facere, la *manus injectio* sera exercée contre lui et on le vendra comme esclave *trans Tiberim*. Ainsi dans certains cas il était préférable pour le *filius familias* d'être purement et simplement abandonné *noxaliter* (1).

L'abandon noxal se maintint plus longtemps que ne dura la vente des enfants. Ce n'est que sous Justinien que l'abandon noxal des fils de famille disparaît législativement. Ce prince nous présente cette réforme comme pénétrée dans les mœurs et comme le fruit de la religion nouvelle, *quis enim patiatur filium suum et maxime filiam in noxam alii dare...... Nova autem honimum conversatio hujusmodi asperitatem recte respuendam esse* (2).

§ 5. — *Droit de consentir au mariage.*

Un enfant en puissance ne pouvait se marier sans le consentement du chef de famille. Mais la volonté seule du père était insuffisante pour imposer le mariage au fils de famille. Cependant le mariage contracté par suite de la crainte des parents est et reste valable (3).

Lorsque les fils étaient soumis avec leur père à la puissance de leur aïeul, il fallait, pour qu'ils pussent se marier, et le consentement du grand-père et celui du père, parce qu'ils étaient appelés à donner à la famille des enfants qui pourront se trouver sous la puissance de ce dernier, *nemini invito heres agnascit.* Par le même motif le consentement tacite

---

(1) LL. 20, 33, 34, 35 D., *De nox. act.*, 9,4.
(2) *Instit.*, IV, 8, 7.
(3) L. 21 et L. 22, D., *De ritu nuptiarum*, 23, 2.

suffisait pour le mariage d'une fille, tandis que pour le fils le consentement devait être exprès. Cependant on finit par admettre que le consentement tacite du père serait toujours valable (1).

La femme n'ayant chez les Romains aucun attribut de la puissance paternelle, les fils et les filles pouvaient se marier sans le consentement de leur mère. Mais une constitution de Valens et ensuite de Théodose exigea que la fille mineure, même *sui juris*, prît, à défaut du père, le consentement de sa mère et de ses proches parents (2).

Pour la fille, dont les enfants doivent tomber sous la puissance de son mari ou du père de son mari, le consentement de l'aïeul maternel suffit.

Dans certains cas exceptionnels, le mariage du fils était valable bien que le père n'y eut pas consenti :

1° Le père ne pouvait par un refus systématique condamner son enfant à un célibat perpétuel. Dans ce cas, l'ascendant était forcé par les proconsuls et les présidents de province de marier son enfant. Les parents étaient même obligés de doter leurs enfants suivant leur fortune (3).

2° La démence ne met pas fin à la puissance paternelle. De là résulte, dans l'ancien droit, la prohibition pour le fils d'un *furiosus* de se marier sans le consentement du père. La fille au contraire n'était pas soumise à cette prohibition. Mais Justinien a voulu que le fils comme la fille du furieux ait le droit de se marier, *sine patris interventu* (4).

(1) L. 5, C., *De nupt.*, 5, 4.
(2) LL. 18 et 20, C., *eod. tit.*
(3) L. 10, D., 23, 2.
(4) L. 23, C., 5, 4.

Le *furiosus* a des intervalles lucides, tandis que le *mente captus* se trouve dans un état perpétuel d'imbécillité, ce qui avait fait admettre plus facilement, sans l'intervention du père, le mariage du fils du *mente captus*. Marc-Aurèle avait décidé que les fils et filles du *mente captus* se marieraient même sans une permission spéciale de l'empereur (1).

Justinien ne distingua plus entre les enfants du *furiosus* et ceux du *mente captus*, et ces enfants, fils ou filles, contracteront mariage avec le consentement donné en présence des plus proches parents et du curateur du père, à Constantinople, par le préfet de la ville, ailleurs par le président ou l'évêque de la province.

3° En vertu des principes, le fils du citoyen romain prisonnier à l'ennemi ne pouvait contracter un mariage légitime. Mais les jurisconsultes avaient fait plier la logique inflexible du droit romain et firent admettre que le fils du captif contracterait valablement mariage et que le mariage contracté resterait valable lors même que le père captif reviendrait à Rome (2).

Le consentement du père doit précéder le mariage (3). La rigueur des principes ne permet pas au père de ratifier le mariage auquel il n'a pas consenti. Si le consentement est donné tardivement, le mariage deviendra légitime, mais à partir de ce moment là seulement. Le mariage prendra encore le caractère d'union légitime quand la puissance paternelle cessera par la mort de l'ascendant ou l'émancipation de l'enfant. L'enfant né ou conçu avant le consentement exigé ou le fait qui équivaut à ce consentement, ne sera pas

<hr>

(1) L. 25, C., *eod. tit.*
(2) L. 12 § 3, D., 45, 15.
(3) *Inst., De nupt., pr.*

considéré comme *justus filius*, car pour avoir cette qualité il faut être conçu pendant le mariage.

La puissance du père qui préside au mariage de ses enfants peut aussi le dissoudre. En effet, dans l'ancien droit, le *pater familias*, malgré son fils ou sa fille, répudiait, s'il le jugeait convenable, sa bru ou son gendre. Mais Antonin le Pieux réforma ce pouvoir exorbitant, c'est ce que Paul nous fait savoir en ces termes : « *Bene concordans matrimonium separari a patre Divus Pius prohibuit* (1). »

———

La puissance paternelle comportait encore certains droits qui la prolongeaient pour ainsi dire jusqu'au-delà du tombeau.

Ainsi un Romain tenait essentiellement à ne pas mourir intestat. S'il était père, il pouvait craindre, en laissant un enfant impubère, que la faiblesse de son fils ne fut exposée aux coups de ses futurs héritiers *ab intestat*. De là le droit pour le père testateur, après s'être nommé un héritier à lui-même, d'en instituer un au fils de famille impubère immédiatement sous sa puissance, pour le cas où cet enfant mourrait après son père et avant d'avoir atteint l'âge de puberté.

Le père pouvait encore, en prévoyance de sa mort, nommer par testament un tuteur à son fils impubère. A l'origine, comme on ne pouvait faire aucune disposition testamentaire au profit d'un posthume, personne incertaine, l'enfant à qui le père choisissait un tuteur testamentaire devait être né au moment de la confection du testament. Mais Gaius nous dit qu'un père pourra valablement nommer un

(1) *Sent.*, V, 6, 15.

tuteur au posthume sien, c'est-à-dire à l'enfant dont sa femme est enceinte et qui serait sous la puissance de ce testateur, si, au lieu seulement d'être conçu, il était déjà né.

CHAPITRE DEUXIÈME.

Droits du père sur les biens de ses enfants.

La puissance paternelle était aussi forte sur les biens qu'elle était étendue sur la personne de l'enfant.

L'enfant n'a point de fortune à lui ; il est pour son père un instrument d'acquisition (1). Il en fut ainsi pendant long-temps. C'était la conséquence directe de l'idée que tous ceux qui étaient soumis au même chef de famille ne formaient avec lui qu'une seule et même personne.

Le fils de famille acquiert pour son père :

1° *La propriété*, soit par mancipation, soit par tradition, soit par legs *per vindicationem*. Cette acquisition de la propriété, ou de tout autre droit réel, se fait même à l'insu du père. L'acquisition par la *cessio in jure* ou par l'*adjudicatio* était interdite au fils de famille, car il n'aurait pu affirmer que la chose était la sienne, ou se dire co-propriétaire ou héritier, puisqu'il était en puissance. Pour qu'il puisse acquérir par la *mancipatio*, l'usage avait fait subir aux paroles

(1) Gaius, *Com.* II, §§ 86, 87.

prononcées dans cet acte solennel une certaine dérogation qui nous est indiquée par Gaius (1).

2° *La possession.* Mais deux éléments sont nécessaires pour acquérir la possession : un élément matériel qui pouvait exister en la personne du fils, et un élément intentionnel, la volonté de posséder utilement, qui devait se trouver dans le père (2).

3° *L'hérédité.* Si le fils peut acquérir la propriété pour le père, à l'insu même de celui-ci, il ne peut que, par son ordre, lui acquérir une hérédité (3). C'est qu'en effet, si le fils est un instrument d'acquisition, il ne peut pas faire ce qui diminuerait le patrimoine du *pater familias*, et l'hérédité n'est pas toujours une chose avantageuse.

Ce n'est pas seulement la propriété, la possession, l'hérédité que le fils acquiert pour son père. Le fils de famille peut stipuler, et en stipulant, il acquiert ; mais le bénéfice de la stipulation, en passant par sa tête, profite immédiatement, *ipso jure*, au *pater familias* (4). Gaius cite une restriction, une exception singulière à ce droit absolu : le fils *adstipulator* acquiert pour lui-même (5). Mais l'action ne lui appartiendra que lorsqu'il sera *sui juris*, et à la condition d'être affranchi de la puissance, sans subir une *capitis deminutio*, soit par la mort du père, soit en devenant flamine Diale.

Si le fils, en stipulant, oblige envers son père, le père, en stipulant pour le fils, acquiert une obligation non pour son

(1) G., C. III, § 167.
(2) G., C. II, § 80 ; Paul, *Sent.*, V, 2, § 1.
(3) L. 6 *pr.*, D., 20, 2.
(4) LL. 130, 141 § 2, D., 45, 1.
(5) G., C. III, § 114.

fils, mais pour lui-même (1). Le paiement même ne serait valablement fait qu'au père (2).

Ainsi, l'obligation est acquise au *parens*, soit que le fils stipule pour lui-même (3), bien que le père ait défendu la stipulation (4), soit qu'il stipule pour une autre personne soumise à la même puissance (5), soit qu'il stipule pour son père même (6). En principe, cependant, on ne peut stipuler pour un autre que soi (7). Mais il ne peut y avoir de stipulation valable entre deux personnes dont l'une est en puissance de l'autre ; il n'y aurait qu'une obligation naturelle.

Une phrase des Instituts de Justinien fait parfaitement sentir l'énergie du principe d'acquisition par le fils au profit du père : « *Vox tua tanquam filii, sicuti filii vox tanquam tua* « *intelligitur in iis rebus quæ tibi adquiri possunt* (8). »

§ 1er. — *Pécule profectice.*

Le fils de famille, assimilé à l'esclave, ne pouvait donc rien avoir en propre ; mais le père donnait quelquefois au fils, comme à l'esclave, l'administration de quelques biens

---

(1) L. 2, C., 8, 38.

(2) L. 50 § 3, D., 45, 1. En cas d'*adjectus solutionis gratiâ*, si l'*adjectus* est un fils en puissance, le promettant se libérerait en payant entre ses mains, et ne payerait pas valablement entre les mains du père, parce que l'*adjectus* est un mandataire du stipulant (L. 9, D., *De solut.*).

(3) L. 45, D., 45, 1.

(4) L. 62, *eod. tit.*

(5) L. 40, *eod. tit.*; L. 1 § 3, D, 45, 3.

(6) L. 38 § 6, D., 45, 1.

(7) L. 38 § 7, *eod. tit.*

(8) Liv, III, tit. 19, § 4 *in fine.*

détachés de son patrimoine. Toutefois, ces biens, le fils ne les obtenait qu'à titre précaire, car, sous tous les rapports, ils restaient au père, au maître, qui pouvait les lui retirer selon son bon plaisir (1). En droit, cependant, les actes d'administration sur ces biens séparés devaient être considérés par le père comme les siens propres, et le préteur avait fini par donner aux créanciers contre le père, pour les contrats du fils relatifs à son administration, certaines actions désignées sous le nom générique d'*actiones adjectitiæ qualitatis*, et que, suivant les circonstances, les Romains appelaient *quod jussu, de peculio, de in rem verso, exercitoriæ, tributoriæ.*

Cet état de choses dura jusqu'à Justinien : la création de nouveaux pécules ne fit pas disparaître le pécule profectice. Seulement, dans le nouvel état du droit, le fils acquiert, *inscio patre*, et pour le père, la possession des choses qui se rattachent au pécule profectice. Et, s'il a seulement l'intention d'acquérir pour son père, la possession conduira à l'usucapion au profit du *parens* (2). Si même le fils a reçu la *liberam peculii administrationem*, il pourra aliéner, à titre onéreux, les objets compris dans le pécule (3), et les créanciers se libéreront en payant valablement entre les mains du fils qui, alors, a les pouvoirs d'un *procurator omnium bonorum.*

§ 2. — *Pécule castrens et quasi-castrens.*

Jusqu'à la fin de la République, les biens qui arrivaient au fils, par quelle que voie que ce fût, étaient donc comme

(1) Justinien, *Instit.,* liv. II, tit. 0, § 1.
(2) L. 47, D., 41, 3.
(3) L. 41 § 1, D., 0, 1.

lui la propriété du père, en la puissance duquel il se trouvait placé. Sous les empereurs, une véritable révolution s'opéra dans la famille romaine : la propriété devint accessible au *filius familias*. Pour encourager les citoyens au métier des armes, ou pour s'assurer le dévouement et récompenser les services des soldats, on en vint à créer un pécule composé des biens acquis à l'armée, et dont on accorda la libre disposition au fils de famille.

Tout ce que le fils de famille gagne par le service militaire ou à son occasion fait partie du pécule *castrens*. Il est, par rapport à ces biens, considéré comme un *pater familias*. Il peut les aliéner, à titre gratuit ou onéreux, par donation entre-vifs ou par testament. Le sénatus-consulte Macédonien, auquel ne font obstacle ni les fonctions publiques, ni même la dignité de consul, reste sans application contre le pécule *castrens* (1). Tout contrat, tout procès avec autorisation du magistrat, devient possible entre le père et le fils pour ce qui concerne le pécule *castrens* (2). Toutefois, chose digne de remarque, si le fils n'a pas disposé de son pécule, à son décès, il retourne au père *jure peculii* (3).

Observons que le fils ne pouvait primitivement disposer de son pécule *castrens* que durant son service aux armées, mais qu'Adrien en accorda la disposition aux fils de famille retirés du service.

L'idée d'individualité du fils, née avec le pécule *castrens*, grandit avec le pécule *quasi-castrens*. Ce pécule était peut-être déjà connu du temps d'Ulpien (4). Dans tous les cas, on

(1) L. 1, D., 14, 6 ; L. 7 § 1, C., 4, 28.
(2) L. 4, D., 5, 1 ; L. 8, D., 2, 4.
(3) L. 2 et L. 19, D., 49, 17.
(4) L. 1 § 15, D., 37, 6.

ne connaît aucune constitution sur le pécule *quasi-castrens* antérieure à Constantin. En 320, ce prince assimila au pécule *castrens* tout ce que, dans leurs fonctions, gagnaient les différents officiers du palais (1). D'après cette constitution, le patrimoine des enfants se grossit de leurs économies et des libéralités qui leur étaient faites par l'empereur pendant la durée de leurs fonctions.

Théodose et Valentinien accordèrent le *jus castrensis peculii* aux divers officiers attachés au préfet du prétoire (2), et ce privilége fut étendu par Honorius et Théodose aux avocats (3), aux évêques, diacres et simples ecclésiastiques par Léon et Anthémius (4), aux huissiers du palais par Anastase (5), enfin par Justinien (6) à tous les fonctionnaires qui, étant investis de dignités ou de fonctions publiques, recevaient quelque libéralité de la munificence impériale.

Depuis Justinien, et à la différence de ce qui avait lieu auparavant, le père ne reprend plus par droit de puissance les pécules *castrens* et *quasi-castrens*, lesquels lui reviennent maintenant comme à un simple héritier (7).

§ 3. — *Pécule adventice.*

Constantin avait institué une troisième espèce de pécule appelé adventice dont le fils eut la nue-propriété, et dont

(1) L. un., C., 12, 31.
(2) L. 6, C., 12, 37.
(3) L. 4, C., 2, 7.
(4) L. 34, C., 1, 3.
(5) L. 5, C., 12, 16.
(6) L. 37, C., 3, 28.
(7) *Conf.*, Ducaurroy et Demangeat; *Contra*, Ortolan; V. Just., *Inst.*, liv. II, t. 12, *pr.*

le père, jusqu'alors plein propriétaire, n'eut plus que l'usufruit.

Constantin ne fit entrer dans le pécule adventice que les biens de l'hérédité maternelle (1). Arcadius et Honorius l'augmentèrent des biens provenant de tous les ascendants maternels de l'enfant (2). Théodose et Valentinien y joignirent les biens acquis aux enfants en puissance par leur mariage (3). Enfin Justinien compléta l'œuvre de ses prédécesseurs en étendant le privilége du pécule adventice à toutes les acquisitions faites par le fils, sauf pour ce qui lui est advenu en faisant valoir la chose du père (4).

Bien que nu-propriétaire, l'enfant *alieni juris* ne peut disposer de son pécule adventice ni par actes entre-vifs, ni par testament, de même qu'il ne peut non plus hypothéquer les biens qui en font partie. Justinien, comme il le dit lui-même, a voulu protéger les fils de famille contre les passions de la jeunesse, *melius est enim coarctare juveniles calores* (5).

Cependant, il arrivait, dans plusieurs circonstances, que le fils de famille eût la propriété pleine et entière de biens faisant partie du pécule adventice.

En effet, des biens pouvaient être donnés ou légués au fils sous la condition expresse que le père n'en aurait pas la jouissance, et cela était admis, alors même que l'enfant fût impubère, auquel cas le magistrat lui nommait un curateur, si le disposant ne lui avait lui-même choisi un *dispensator* (6).

(1) L. 1, C., 6, 60.
(2) L. 2, *eod. tit.*
(3) L. 1, C., 6, 61.
(4) L. 6, C., *eod. tit.*
(5) L. 8 § 5, *eod. tit.*
(6) Nov. 117.

Justinien no voulut pas que le père eut la jouissance des biens que l'enfant trouvait dans la succession de ses frères et sœurs à laquelle il était appelé avec lui (1).

Le père était encore privé de l'usufruit des biens que la loi déférait aux enfants quand il avait divorcé sans motifs légitimes (2); lorsqu'il se remariait à la majorité de l'enfant (3); quand, refusant de faire adition d'hérédité, le fils faisait cette adition autorisé du juge s'il était mineur (4), et enfin quand il renonçait à son droit d'usufruit (5).

Ainsi le fils de famille, dans certains cas, en dehors du pécule *castrens* ou *quasi-castrens*, eut une propriété pleine et entière, un *peculium extraordinarium*. Nous dirons qu'il pouvait disposer de cette propriété par actes entre-vifs à titre gratuit et onéreux (6), bien que pour soutenir le contraire on ait invoqué la raison qui a fait retirer au fils le droit de disposition de son pécule adventice ordinaire. Le fils propriétaire du pécule adventice extraordinaire pouvait certainement intenter les actions y relatives et y défendre (7), mais il lui fallait pour cela le consentement de son père, et c'est pour ce motif que Justinien a suspendu à son égard toute prescription tant qu'il restera *alieni juris* (8). Cependant, tout en admettant que le fils de famille puisse disposer

(1) Nov. 118, ch. 2.
(2) Nov. 134, ch. 11.
(3) L. 2, *De mat. bonis*, C. Théod.
(4) L. 8 *pr.*, et § 1, C., 6, 61.
(5) L. 6 § 2, *eod. tit.*
(6) Nov. 117, ch. 1er.
(7) L. 8 pr., C., 6, 61.
(8) L. 1 § 2, C., 7, 40.

par actes entre-vifs du pécule adventice extraordinaire, nous ne lui permettrons pas de le donner par testament (1).

L'usufruit était donné au père sur le pécule adventice pour tout le temps de sa vie (2). Nécessairement cet usufruit devait cesser avec la puissance paternelle : le père était, par conséquent, intéressé à ne pas émanciper son enfant, et c'est pourquoi Constantin donna au père, comme prix de l'émancipation, le tiers des biens adventices du fils émancipé, et le lui donna en toute propriété. Il faut attendre jusqu'à Justinien la réparation de cette criante injustice. Alors le père ne retiendra plus rien en propriété, mais il conservera l'usufruit de la moitié des biens du pécule, et encore pour n'en plus jouir au même titre, car il ne les tient plus par droit de puissance paternelle (3).

Le droit d'usufruit donné au père sur les biens adventices de ses enfants a beaucoup de ressemblance avec notre usufruit légal. Mais une différence profonde les distingue, l'idée même sur laquelle ils sont fondés. A Rome, c'est un reste du droit paternel ; dans notre droit, c'est une concession de la loi. Aussi faut-il dire que le père usufruitier du pécule adventice peut tout, sauf ce que la loi lui défend, et que l'usufruitier légal ne peut que ce qui lui est permis par la loi.

Comme l'usufruit des biens adventices était une modification apportée aux droits de la puissance paternelle, on

(1) L. 11, C., 6, 22.

(2) L. 1, C., 6, 60.

(3) Just., *Inst.*, liv. II, t. 9, § 2.

4

n'assimila pas le père à un usufruitier ordinaire. Il eut un droit d'administration et de jouissance illimité. On se contenta de lui retirer la faculté d'aliéner ou d'hypothéquer les biens qu'il administrait (1). Le père devait, il est vrai, gérer les biens du fils dont il avait l'usufruit de la même manière qu'il administrait sa propre chose, et ne devait donc rien faire qui fût de nature à les perdre ou les détériorer. Mais comment les intérêts de l'enfant étaient-ils garantis? Car le père n'avait aucun compte à rendre et était dispensé de fournir caution et des autres charges imposées à l'usufruitier ordinaire (2). Une protection cependant est accordée à l'enfant contre les aliénations faites par le père. Ainsi il n'a à craindre aucune prescription tant qu'il est en puissance, et on ne peut lui opposer que celle qui se serait accomplie depuis qu'il est devenu *sui juris* (3).

Nous avons vu qu'en principe l'aliénation est retirée au père. Cependant, et dans l'intérêt même de l'enfant, on lui permettait d'aliéner les choses qui, par leur nature, ne peuvent se conserver. Il devait vendre les meubles, et, s'ils étaient insuffisants, les immeubles des successions échues au fils pour en payer les dettes (4). L'aliénation était encore permise au père quand lui et les siens étaient dans une extrême misère (5) ; dans ce cas, s'il ne peut vendre, il pourra emprunter sur hypothèque.

Investi des pouvoirs de la plus large administration, le

(1) L. 6 § 2, C., 6, 61.
(2) L. 8, C., eod. tit.
(3) L. 4 in *fine*, eod. tit.
(4) L. 8 § 4, eod. tit.
(5) L. 8 § 5, eod. tit.

père pouvait intenter les actions relatives à ce pécule et y défendre. On a voulu que le père ne pût intenter ces actions que sur l'autorisation du fils, à moins que celui-ci ne fût en bas âge ou absent. Mais nous repoussons cette opinion comme n'étant soutenue par aucun texte. Le père devait supporter les frais du procès (1).

Si le père avait la jouissance du pécule adventice, il devait nourrir et entretenir ses enfants. Mais cette obligation n'est pas la conséquence de son droit sur le pécule, une charge de son usufruit; elle a sa source dans l'affection que ressentent les unes envers les autres les personnes unies par les liens d'un même sang; elle est sanctionnée par la loi qui a créé entre le père et les enfants le devoir sacré et réciproque de se fournir des aliments.... *Ipsum autem filium, vel filiam, filios, vel filias, et deinceps alere patri necesse est, non propter hereditates, sed propter ipsam naturam, et leges quæ et a parentibus alendos esse liberos imperaverunt, et ab ipsis liberis parentes, si inopia ex utráque parte vertitur* (2).

(1) L. 8 § 3, C., 6, 61.
(2) L. 8 § 5, C., *eod. tit.*

TITRE DEUXIÈME.

De l'obligation pour les père et mère de reconnaître leurs enfants.

Nous avons vu que malgré la voix des philosophes qui s'élevaient contre la coutume barbare de l'exposition des enfants nouveaux-nés, le législateur stoïcien ne punissait pas les parents dénaturés qui pratiquaient ce système d'économie domestique. La pitié d'un étranger ou les libéralités des père et mère pouvaient seules arracher à la mort ou à la misère le malheureux enfant abandonné. Mais si avant Constantin on ne prit aucune mesure contre l'exposition des nouveaux-nés, au moins vint-on au secours de l'enfant échappé au danger en lui donnant le droit de rechercher en justice ses père et mère et en lui permettant d'intenter contre eux une action pour les contraindre en cas de nécessité à lui fournir des aliments.

Deux sénatus-consultes rendus le premier sous le règne de Trajan et le second sous celui d'Adrien introduisirent le droit tout nouveau de la recherche de la maternité et de la paternité.

Le sénatus-consulte Plancien rendu sous Trajan introduisit la recherche de la paternité ; mais ce sénatus-consulte prévoit le cas tout spécial où un mari divorçait avec sa femme avant l'accouchement de cette dernière. L'enfant de cette femme répudiée sera désormais toujours admis à prouver qu'il a pour père le mari de sa mère, et, même dans certains cas, sauf la preuve contraire, il sera présumé le fils de cet homme. Mais pour qu'il fût possible à l'enfant d'invoquer cette présomption, il fallait que sa mère se fût conformée aux formalités exigées par le législateur. La femme divorcée se croit-elle enceinte, elle doit : 1° dénoncer sa grossesse à son mari, et 2° accepter les gardiens placés par lui auprès d'elle.

Ulpien indique clairement quand et comment la dénonciation devait être faite. La femme, dit-il, ou son père si elle est en puissance, ou celui qui en aura été chargé par mandat, peut dénoncer la grossesse au mari, ou à son père, s'il est en sa puissance, et cette dénonciation doit, dans un délai de trente jours à compter du divorce, être faite à la personne ou à son défaut au domicile. Par ce délai de trente jours accordé à la femme, il faut entendre trente jours consécutifs et non trente jours utiles. La femme a-t-elle laissé passer ce délai, elle pourra encore, par faveur pour l'enfant, faire sa dénonciation, mais alors le préteur ne recevra plus sa demande que *causâ cognitâ* (1).

Si la dénonciation n'a pu être faite au mari ou à son père, elle sera faite à leur domicile et par ce domicile il faut comprendre leur maison s'ils demeurent à Rome, sinon leur métairie ou leur habitation dans la ville où ils ont fixé leurs lares. Dans cette dénonciation la femme doit simplement signifier au mari qu'elle est enceinte de lui; elle n'a pas à l'inviter à envoyer des gardiens auprès d'elle, il lui suffit de notifier sa grossesse (2).

---

(1) L. 1 §§ 1, 2, 7, D., *De alendis et agnosc. liberis*, 25, 3.
(2) L. 1 § 3, *eod. tit.*

La seconde chose exigée de la femme, avons-nous dit, c'est de recevoir les gardiens. Si elle refusait de les admettre, de même que si elle n'avait pas fait sa dénonciation, sa faute ou sa négligence ne nuirait pas complétement à l'enfant dont le droit est reconnu mais lui porterait préjudice, car s'il pouvait encore prouver la légitimité de sa naissance, il ne pouvait plus invoquer la présomption légale qui lui eût permis de jouer le rôle de défendeur; c'était à lui d'être demandeur et de faire la preuve de sa filiation vis-à-vis son prétendu père (1).

Quant au mari, à qui la dénonciation était faite, il devait envoyer des gardiens à la femme pour prévenir toute supposition de part (2) ou contester immédiatement la légitimité de l'enfant par une contre-dénonciation envoyée à la mère ou à son ascendant. Si le mari n'envoyait ni gardiens au ventre, ni protestation contre la paternité qui lui était imputée, il était tenu, jusqu'à ce que la question de paternité fut vidée, de fournir à l'enfant des aliments après sa naissance. Lorsque le mari, ou son père, avait au contraire envoyé des gardiens au ventre, soit après la notification de la grossesse, soit avant cette notification que d'ailleurs il pouvait prévenir, ou lorsqu'il avait protesté contre la dénonciation et répondu que la femme n'était pas enceinte de ses œuvres, il n'était plus obligé de fournir provisoirement des aliments à l'enfant; mais dans tous les cas, la dénonciation de la femme produisait son effet. Que le mari, ou son père, ait envoyé des gardiens ou fait une contre-dénonciation à la femme ou bien

(1) L. 1 § 0, *eod. tit.*

(2) La loi 1 § 10, D., 25, 4, décrit en détail les formalités nécessaires à l'envoi et aux fonctions de ces gardiens.

qu'il se soit abstenu, la dénonciation de la mère donnait à l'enfant le rôle de défendeur dans la contestation d'état qui s'engageait et c'était au père ou à l'ascendant de prouver que cet enfant n'était pas issu du mariage (1).

Le sénatus-consulte n'a pas prévu le cas où l'enfant naîtrait dans les trente jours du divorce ; aussi dans cette hypothèse où le mari et la femme n'ont ni l'un ni l'autre rien fait de contraire au sénatus-consulte, mais n'ont pu s'y conformer, l'omission de la signification de la grossesse ne pourra porter aucun préjudice à l'enfant qui sera né. En effet, il ne peut y avoir lieu à la disposition du sénatus-consulte qui n'a pu songer à l'enfant dont la naissance se produirait durant le délai fixé pour dénoncer la grossesse. Ç'a été l'opinion d'Ulpien comme elle était celle de Julien (2).

Le mari pouvait envoyer des gardiens à sa femme sans attendre sa signification, mais il pouvait aussi la citer devant le préteur pour y déclarer si elle était enceinte. Dans le cas où la femme se déclare enceinte, on applique le sénatus-consulte (3). Déclare-t-elle qu'elle n'est pas enceinte? Le mari n'est plus tenu de reconnaître l'enfant. Quand celui-ci viendra au monde, il le désavouera ou le reconnaîtra, à son gré, et lui refusera des aliments. Mais cet enfant, qui ne saurait en aucun cas s'adresser au mari de sa mère pour obtenir des secours, pourra toujours faire contre lui la preuve de sa filiation.

Nous remarquerons en passant que les dispositions de ce sénatus-consulte Plancien ne s'appliquent plus à l'en-

(1) L. 1 §§ 3, 4, 12, 11, 13, 14, 15, 10, D., 25, 3.
(2) L. 1 § 10, e d. tit.
(3) L. 1 §§ 2 et 4, D., 25, 4.

fant qui vient de naître après la mort de son père, s'il ne reste plus de parents sous la puissance de qui cet enfant doive retomber. On rentre alors dans le droit commun; l'enfant devra demander la possession des biens du défunt qu'il dit être son père, en vertu de l'édit Carbonien, et la question relative à son état sera renvoyée à l'époque de sa puberté (1).

Le sénatus-consulte Plancien qui établissait la recherche de la paternité ne concernait donc que les enfants nés soit après le divorce des époux, soit après la mort du mari, s'il reste des ascendants ayant la puissance paternelle. Le sénatus-consulte d'Adrien étendit la règle aux enfants nés pendant le mariage. Ce même sénatus-consulte introduisit la recherche de la maternité, et tout enfant, qu'il se prétendît issu du mariage, du concubinat ou même d'un commerce illicite, put rechercher sa mère (2).

L'enfant qui veut établir sa filiation, soit légitime, soit naturelle, doit prouver que ses parents étaient unis par le mariage légitime ou engagés dans les liens du concubinat, que sa mère est accouchée, qu'il est identiquement l'enfant qu'elle a mis au monde, enfin qu'il est le fruit des œuvres du mari ou de celui avec lequel elle vivait en concubinat.

La preuve est facile soit du mariage, soit du concubinat. Le mariage et le concubinat n'étaient pas autre chose qu'un état de fait exigeant pour leur formation la volonté et l'intention des parties et l'établissement d'une communauté d'existence se réalisant d'une manière quelconque. Le mariage était une union civile et légitime; le concubinat n'était qu'une union naturelle, permise par les lois, mais non légitime.

(1) L. 3 § 5, D., 25 3.
(2) L. 3 §§ 1, 2; L. 5 § 4, eod. tit.

L'une et l'autre exigeaient la cohabitation perpétuelle, et l'intention des parties seule distinguait le concubinat des justes noces, *concubinam ex solâ animi destinatione æstimari oportet* (1). Mais la situation dans la famille et la société montrait bien où étaient les justes noces, où le concubinat. On reconnaît l'*uxor* ou la *concubina*, disait Ulpien, selon le rang qu'elles occupent (2). Du reste, l'erreur était souvent impossible : s'agissait-il d'une femme que pour certains faits on n'eût pu épouser, évidemment elle n'était que concubine ; s'agissait-il d'une femme honnête et ingénue, on ne pouvait vivre avec elle sans en faire l'aveu, sans le déclarer devant témoins. Etait-ce une femme de mauvaises mœurs, on ne devait présumer que le concubinat (3). La concubine partageait bien la table et le lit du mari, mais elle ne portait pas le titre d'épouse et ne partageait pas ses titres et ses dignités. Ainsi deux personnes, de sexe différent, vivant ensemble, étaient légalement présumées mariées ou en concubinat, selon qu'elles étaient *honnêtes* ou non, de rang semblable ou différent, ou enfin que les justes noces étaient possibles ou impossibles. Les *instrumenta dotalia*, les *tabulæ nuptiales* qui accompagnaient ordinairement les justes noces étaient encore un indice : le concubinat ne comportait pas la constitution de dot et se contractait sans formalités ni cérémonies.

En résumé, quand une femme et un homme vivaient ensemble, ces deux personnes étaient présumées mariées ou en concubinat ; mais l'existence de cette présomption pouvait être détruite par tous les moyens de preuve possibles.

Par quels moyens de preuve l'enfant pouvait-il arriver à

(1) Paul, *Sent.*, liv. II, tit. 20, § 1 ; L. 1 § 2, D., 25, 7.
(2) L. 49 § 1, D., 32, 3, *De legatis*.
(3) L. 24, D., 23, 2 ; L. 11, eod. tit.; L. 3, D., 25, 7.

établir l'accouchement de sa prétendue mère, son idendité avec l'enfant mis au monde et sa filiation à l'égard de son prétendu père?

Tous les moyens étaient reçus pour faire constater et la paternité et la maternité (1).

Tout d'abord, l'enfant légitime, à qui le sénatus-consulte Plancien et celui d'Adrien avaient accordé le droit de prouver sa filiation, eut l'avantage, sa maternité une fois prouvée, de pouvoir dire j'ai pour père le mari de ma mère (2). La mère, elle-même, n'aurait pu empêcher l'enfant d'invoquer cette présomption, en affirmant que le mari n'était pas le père de son enfant ; un tel aveu eût été considéré comme fait dans la haine du mari (3). Mais les conséquences de cette présomption pouvaient être combattues par quelque moyen que ce fût (4). Ainsi, le mari pouvait invoquer son absence, son état d'impuissance naturelle, accidentelle, temporaire ou perpétuelle, l'adultère de sa femme. Mais l'adultère seul ne suffira jamais pour faire tomber la présomption *pater is est quem nuptiæ demonstrant* (5). Il faudra absolument qu'il résulte

(1) L. 20, D., 22, 3; L. 0, C., 5, 4.

(2) Paul nous dit : « *Quia mater semper certa est, etiamsi vulgo conceperit : pater vero is est quem nuptiæ demonstrant* » (L. 5, D., 1, 4.). Gaius : « *Item in potestate nostra sunt liberi nostri quos ex justiis nuptiis procreavimus; quod jus proprium civium Romanorum est* » (L. 3, D., 1, 0.). (Aj. L. 0, eod. tit.). Modestin s'exprime au contraire en ces termes sur les *vulgo concepti* : « *Vulgo concepti dicuntur qui patrem demonstrare non possunt, vel qui possunt quidem sed eum habeant quem habere non licet, qui et spurii appellantur* παρὰ τὴν σπέραν, *id est*, A STATIONE » (L. 23, D., 1, 5.). Accurse également : «*Cui pater est populus, pater est sibi nullus et omnis, cui pater est populus, non habet ille patrem.* »

(3) L. 20, D., 22, 3; L. 3, D., 24, 2; L. 48, D., 50, 17.

(4) L. 0, D., 1, 0.

(5) L. 11 § 0, D., 48, 5.

d'un certain concours de circonstances que l'enfant n'a pas été conçu des œuvres du mari de la mère. Toutes espèces de faits pouvaient être alléguées, et la plus grande liberté d'appréciation était laissée aux juges romains.

Quant à la folie, qui empêchait de contracter mariage, elle ne pouvait servir à combattre la présomption *pater is est...*, qu'un seul des époux ou que tous deux fussent en état de folie, *nam cum consistat matrimonium altero furente, consistet et utroque* (1).

Mais l'enfant qui naît quelques jours après le mariage, et celui qui vient au monde un certain temps après la dissolution de l'union, comment prouvait-il qu'il avait conçu pendant le mariage de sa mère? La durée de la grossesse est, en effet, loin d'être fixe et déterminée. Chez nous, dans les articles 312 et suivants du Code civil, la difficulté est aplanie au moyen d'une présomption légale.

Dans l'antiquité, on admettait communément que les plus courtes gestations étaient de six mois et que les plus longues étaient limitées à dix mois. Aulu-Gelle (2), dans ses Nuits attiques, nous rapporte à cet égard l'opinion des médecins, des philosophes et des poètes illustres dans l'antiquité. Si même l'on s'en rapportait à certains textes clairs et précis (3), il faudrait admettre non-seulement que l'enfant reste dans le sein maternel depuis cent quatre-vingts jusqu'à trois cents jours, mais encore qu'il y a là une présomption légale à laquelle aucune preuve ne saurait être opposée.

(1) L. 8 *in fine*, D., 1, 6.

(2) Liv. III, t. 16.

(3) L. 3 §§ 11 et 12, D., 38, 10; L. 12, D., 1, 5; L. 20 pr., D., 28, 2; L. 1, C., 6, 20; Nov. 39, ch. 2.

Mais nous pensons le contraire. Nous citerons à cet égard le fait suivant rapporté par Aulu-Gelle : « Une dame romaine, dit-il, de mœurs pures et honnêtes, dont on ne pouvait contester la vertu, accoucha dans le onzième mois qui suivit la mort de son mari. L'époque de son accouchement fit généralement croire qu'elle avait eu un commerce illicite depuis la mort de son mari, et on l'accusa, en vertu de la loi des décemvirs qui détermine que l'enfantement ne peut dépasser le dixième mois. Mais le divin Adrien, ayant à juger de l'affaire, décida que la délivrance de la femme au onzième mois était possible. Le *décret* d'Adrien, *que j'ai lu*, est motivé *sur l'opinion des médecins et philosophes anciens.* » Aulu-Gelle rapporte encore un passage du septième livre de l'histoire naturelle, où Pline le naturaliste dit : « Le préteur Papirius, devant lequel un plaideur réclamait une succession comme héritier légitime, l'adjugea, à son préjudice, à un enfant que la mère déclarait avoir mis au monde au bout de treize mois, *et le magistrat motiva son jugement sur ce qu'il ne croyait pas qu'il y eût véritablement d'époque fixe pour les accouchements.* »

Enfin, nous invoquerons un texte de Paul (1) que nous oppposerons aux textes d'après lesquels la durée *minimum* de la gestation serait de six mois : « *Septimo mense natus matri prodest, ratio enim Pythagorei numeri hoc videtur admittere, ut aut septimo pleno aut decimo mensè partus maturior videatur.* »

Les médecins, les philosophes et les jurisconsultes étaient donc en désaccord sur cette grave question, et, dès lors, il semble bien difficile d'admettre que, chez les Romains, la présomption légale, d'après laquelle l'accouche-

____

(1) *Sent.*, liv. IV, t. 0, § b.

ment a lieu dans un délai compris entre le sixième et le onzième mois depuis la conception, ne pouvait pas être combattue comme la présomption *pater is est...* par tous les moyens possibles.

Comme nous l'avons dit plus haut, tous les moyens étaient admis pour faire preuve de la filiation (1).

On recevait donc la preuve testimoniale. Le mode de preuve le plus ordinairement employé était, d'après la Loi 29, D., *De probationibus*, et la Loi 9, C., *De nuptiis*, la preuve par témoins ou la commune renommée un des éléments constitutifs de la possession d'état. La possession d'état était, dans les contestations d'état, la plus fortes des présomptions (2).

Mais si nous nous reportons aux principes généraux, la preuve par écrit devait l'emporter sur la preuve testimoniale, car les témoins sont accessibles à la corruption. D'ailleurs, la preuve par les registres du cens et par les papiers publics devra être préférée à la simple preuve par témoins, *census et monumenta publica potiora testibus esse Senatus censuit* (3).

Dans les registres du cens et de capitation, les Romains indiquaient non seulement leur fortune, mais le nom de leurs enfants (4). Ces registres, qui étaient également tenus dans les provinces, contenaient l'âge des hommes et des femmes soumis à la capitation (5). Ils ne faisaient pas preuve complète, et cela n'est pas surprenant, car les registres du

(1) L. 20, D., 22, 3.
(2) Pothier, *Pand.*, liv. XXII, tit. 3, § 2.
(3) L. 10, D., 22, 3.
(4) Cicéron, *De leg.*, liv. III.
(5) L. 3, D., 50, 15.

cens étaient irrégulièrement tenus, et quelquefois même le recensement était fait d'une manière incomplète (1).

Une sorte de titre qui ressemble assez à notre acte de naissance avait une force probante particulière dans les questions d'état. Il est curieux de voir que les Romains ont connu une institution comparable à nos actes de l'état civil. Il existait en effet, à Rome, des registres publics où l'on inscrivait les déclarations que les parents avaient coutume de faire sur la naissance de leurs enfants. Juvénal y fait allusion, lorsque, dans sa satire IX, il dit :

> *Nullum ergo meritum est, ingrate ac perfide, nullum*;
> *Quod tibi filiolus vel filia nascitur ex me?*
> *Tollis enim, et libris actorum spargere gaudes*
> *Argumenta viri. Foribus suspende coronas,*
> *Jam pater es : dedimus quod famæ opponere possis.*

Vers l'année 703, Cicéron écrivait de Laodicée à Atticus, au sujet de cet Ocella surpris deux fois en adultère : « *de Ocella parum ad me scripseras; et in actis non erat.* » *(Epist. fam.,* II, 15.)

Ces registres publics remontaient, paraît-il, au règne de Servius Tullius. Pour les naissances, il y aurait eu le registre de Junon qui présidait aux accouchements, et pour les morts, celui de Libitine qui présidait aux funérailles (2).

Les personnes de distinction surtout auraient eu l'usage de faire ces déclarations de naissance (3).

Ces déclarations, *professiones*, pouvaient être faites non seulement par le père et la mère, mais encore par les aïeuls

---

(1) L. 3 § 2, D., 22, 5; Cicéron, *Pro Archia*, ch. 3.
(2) Le Clerc, *Journaux des Romains*, p. 108 et suiv.
(3) Suétone, *Vie de Tibère*, n° 5; *de Caligula*, n° 8.

de l'enfant qui vient de naître (1), *et diversæ professiones proferuntur*, dit Celse (2).

Marc-Aurèle, suivant le dire de Julius Capitolinus (3), aurait, le premier, imposé aux Romains l'obligation de faire la déclaration de la naissance de leurs enfants. Cette déclaration devait être faite dans le délai de trente jours, contenir les noms des parents et aussi des enfants, et elle était inscrite sur le registre du préfet du Trésor. Dans les provinces, des officiers publics furent institués qui devaient enregistrer les naissances, comme faisait le préfet du Trésor à Rome.

Mais ces *professiones parentum* ne faisaient pas pleine foi en justice. La *professio* fera naître un *grande præjudicium*, mais elle pourra être attaquée. C'est ce qui ressort de la lecture des textes : *Imperator Titus Antoninus rescripsit*, dit la Loi 8, D., 1, 5, *non lædi statum liberorum ob tenorem instrumenti male concepti*; puis, nous voyons, à propos des *professiones*, dans la Loi 15, au Code, 7, 16, ces mots : *nec falsa simulatio veritatem minuit*; enfin, Scevola, dans la Loi 29 § 1, D., 22, 3, s'exprime ainsi : « Une femme ayant été répudiée, alors qu'elle était enceinte, fit inscrire sur les registres, comme bâtard, l'enfant dont elle accoucha en l'absence de son mari. On demandait si cet enfant était néanmoins sous la puissance de son père et s'il pouvait, par son ordre, accepter la succession de sa mère décédée *ab intestat*, malgré la déclaration faite par la mère sous l'empire du ressentiment contre son mari ? On répondit qu'il y avait toujours lieu de prouver la vérité. »

(1) L. 16, D., 22, 3.
(2) L. 13, D., *eod. tit.*
(3) Ch. IV, § 9.

Lorsque ces *professiones* étaient détruites, ou si aucune déclaration de ce genre n'avaient été dressée, l'état de l'enfant n'était pas en danger, mais c'était à lui de se procurer d'autres preuves pour arriver à établir sa filiation. C'est la conclusion à tirer de la Loi 6, au Code, 4, 21, *statum tuum natali professione perdita mutilatum non esse, certi juris est,* et de la Loi 15, au Code, 7, 16, *nec omissa professio probationem generis excludit.*

Il est également certain que Justinien voulut qu'un écrit public ou privé, contenant, outre celle du déclarant, les signatures de trois témoins, par lequel une personne se reconnaît père d'un enfant, fasse pleine foi en justice (1). En faisant cette déclaration pour un seul de ses enfants avec les formes requises, le mari montre que son mariage a été légitime, et le père donne à chacun de ses autres enfants un moyen de prouver sa légitimité. Mais Justinien n'a jamais imposé au père ou au mari l'obligation de dresser un pareil écrit.

On devait aussi admettre, pour constater l'état des enfants, les papiers domestiques (2). Ces témoignages, émanés des père et mère, seront, en général, les meilleures armes dont pourront se servir les enfants pour rechercher leur filiation et réclamer des aliments.

Tous les moyens de preuve étaient donc, en résumé, bons pour prouver sa filiation, même les témoins. Quant à la preuve écrite, les efforts tentés par les empereurs ont été infructueux pour en rendre l'emploi nécessaire. C'est la conclusion que nous tirons de la contradiction qui existe

(1) Nov. 117, ch. 2.
(2) L. 29, D., 22, 3 ; L. 0, C., 5, 4.

entre les Lois 2, 3 et 4, C., 4, 20, d'une part, et la Loi 9, C.,
5, 4, de l'autre.

La Loi 2 d'Alexandre Sévère est ainsi conçue : *Si tibi con-
troversia ingenuitatis fiat, defende causam tuam instrumentis et
argumentis, quibus potes : soli enim testes ad ingenuitatis probationem non sufficiunt.* La Loi 3 des empereurs Valère et Gallien
porte : *Etiam jure civili domestici testimonii fides improbatur.*
Enfin, la Loi 4 de Carus, Carin et Numérien dit : *Sola testa-
tione prolatam, nec aliis legitimis adminiculis causam appro-
batam, nullius esse momenti, certum est.* La Loi 9, au contraire,
se contente du témoignage des voisins : *Si vicinis, vel aliis
scientibus,.... quamvis neque nuptiales tabulæ, neque ad natam
filiam pertinentes factæ sunt, non ideo minus veritas matri-
monii, aut susceptæ filiæ, suam habet potestatem.* Or, cette loi
fut édictée par Probus, empereur d'Orient, de l'année 276
à l'année 283 après Jésus-Christ, c'est-à-dire pendant l'in-
tervalle de temps qui sépare le règne des empereurs Valérien
et Gallien de celui des empereurs Carus, Carin et Numérien.
Comment donc expliquer cette contradiction des textes,
sinon que la preuve écrite n'a jamais été rendue strictement
obligatoire. La Novelle 117, ch. II, de Justinien, que nous
avons eu déjà l'occasion de citer, fortifie ce sentiment.

Sous le système formulaire, l'enfant devait, pour faire
constater sa filiation, agir en justice au moyen d'une action
prétorienne, le *præjudicium*. Le *præjudicium*, qui ne sert qu'à
établir un fait, ne contient pas, pour ce motif, de *condemnatio*
dans sa formule (1). Après la disparition du système formulaire, il fallut, pour une réclamation d'état, recourir à la
cognitio extraordinaria.

(1) Gaius, *Com.* IV, § 44.

L'action préjudicielle *de partu agnoscendo* était spécialement donnée à la mère, agissant contre son mari ou ses
représentants, en vertu des sénatus-consultes Plancien et
d'Adrien. Nous savons qu'un jugement préalable pouvait
obliger provisoirement le mari à reconnaître et nourrir l'enfant, et que le procès définitif était différé jusqu'à la puberté
de l'enfant. Mais, en pareil cas, il ne faut sans doute considérer que l'intérêt de l'enfant. Ainsi, d'après un rescrit
d'Adrien, l'état des impubères doit être réglé de suite s'ils
ont des tuteurs capables de les bien défendre et que leur
intérêt l'exige (1). De même si une femme accusée d'adultère est envoyée en possession, le procès sera différé, *ne quod
prœjudicium fieret nato* (2).

A qui l'enfant devait-il s'adresser dans l'action en réclamation d'état, ou, en autres termes, quelle était l'autorité de
la chose jugée en matière de question d'état? La filiation de
l'individu, une fois constatée à l'égard d'une personne,
pouvait-elle être remise en cause par tous ceux qui y avaient
intérêt et qui n'avaient pas été parties au procès? Sans
entrer dans la discussion de cette question tant controversée
qui est étrangère à notre travail, nous dirons cependant que,
par dérogation aux principes sur la chose jugée et pour
éviter que le même individu, déclaré légitime à l'égard de
certaines personnes, soit reconnu naturel à l'égard des
autres, nous pensons qu'il faut admettre l'opinion de ceux
qui veulent qu'il ait été inutile pour l'enfant d'appeler en
cause tous les intéressés, et que la chose jugée à l'égard de
celui qui avait le plus d'intérêt à contester sa réclamation

(1) L. 3 § 5, D., 37, 10.
(2) L. 8, *eod. tit.;* v. la loi 27 pr., D., 40, 12, par analogie.

l'était à l'égard des autres. Ainsi, le jugement rendu pour ou contre l'enfant était opposable à tout le monde, mais il fallait que le *justus contradictor*, c'est-à-dire le premier et principal intéressé, ait été appelé, que la sentence ait été rendue contradictoirement et qu'il n'y ait pas eu fraude (1).

TITRE TROISIÈME.

De l'obligation pour les père et mère de nourrir leurs enfants.

L'ancien droit civil n'admettait qu'une seule et inflexible volonté dans la famille. On conçoit facilement que, dans les premiers siècles de Rome, le père, chef suprême de la famille, maître du culte, de la justice, de la propriété domestique, qui pouvait céder à d'autres la puissance qu'il avait sur les siens, recevoir sous son autorité des personnes qui n'y étaient pas soumises, exclure du foyer domestique des membres de la famille ou y introduire des étrangers, on conçoit que ce père pouvait reconnaître ou repousser à son gré l'enfant que sa femme mettait au monde. Il fallait, en effet, le consentement du maître pour entrer dans la famille, et la filiation même incontestée ne suffisait pas. Mais depuis

(1) LL. 1, 3, 4 et 5, D., 40, 10; L. 27 § 1, D., 40, 12; LL. 1 § 10, 2 et 3 pr., D., 25, 3; L. 1, C., 7, 14.

le sénatus-consulte Plancien et celui d'Adrien, l'enfant qui établira sa filiation légitime pourra exercer les droits de succession *ab intestat*.

Il pourra aussi réclamer des aliments.

Cette obligation toute nouvelle a sa source dans l'équité et l'affection du sang; elle est, par conséquent, réciproque entre les parents et les enfants.

Les père et aïeuls parternels doivent donc des aliments à leurs descendants, mais ils ne leur en doivent qu'autant que ceux-ci en manquent. Cette dette alimentaire est aussi subordonnée aux facultés des uns et des autres.

A défaut des parents paternels, les aliments seront fournis par la ligne maternelle. Ainsi voyons-nous, dans un rescrit de Marc-Aurèle, une mère répéter contre leur père les aliments qu'elle a fournis à ses enfants.

Que les enfants fussent en puissance, ou émancipés, ou devenus maîtres de leurs droits et actions de quelque autre manière que par l'émancipation, les aliments leur sont dus en cas de nécessité.

Toutefois, on refusait les aliments aux enfants pour cause d'ingratitude. C'est pourquoi Ulpien dit : « Le juge doit examiner si le *parens* n'a pas quelques raisons pour se refuser à nourrir ses enfants, car un rescrit adressé à Trebatius Marinus dit que c'est avec raison qu'un père refuse des aliments à un fils qui l'a dénoncé. »

Il paraîtrait même que le père devait non seulement nourrir ses enfants, mais encore pourvoir à tous leurs autres besoins; cependant, cette obligation ne s'étendait pas jusqu'au paiement de leurs dettes (1).

(1) L. 5 §§ 1 à 17, D., 25, 3.

Pour les enfants issus du concubinat, ils obtinrent, sous Marc-Aurèle, le droit de succéder à leur mère, et, sous Justinien, celui de succéder à leur père en qualité de *liberi*. Mais, tout d'abord, la recherche de la maternité eut pour conséquence de leur permettre de demander à leur mère des aliments, mais jamais ne les fit entrer dans la famille maternelle, car, à aucune époque, un enfant n'a été sous la puissance de sa mère, même légitime, ni de ses ascendants. Maintenant se présente la question suivante : l'enfant né du concubinat peut-il établir sa filiation à l'effet d'exiger des aliments de la part de ses parents paternels ? Le concubinat était permis par les lois, mais ne produisait pas d'effets civils, car le mariage était la seule union légitime ; c'était donc une union simplement naturelle, au lieu d'être, comme les *justæ nuptiæ*, une union tout à la fois civile et naturelle. Le concubinat, qui n'était pas un mariage d'après les lois civiles, devait donc produire tous les effets naturels produits par le mariage. Or, la filiation est aussi facile à prouver dans le concubinat que dans le mariage, et l'obligation aux aliments, dans l'esprit du sénatus-consulte d'Adrien, a sa source dans l'équité et l'affection naturelle, et non dans les liens civils formés par la loi. Nous déciderons, en conséquence, que la créance alimentaire devait appartenir, de même qu'elle est reconnue à l'enfant légitime, à l'enfant issu du concubinat contre ses parents et maternels et paternels.

Les enfants nés d'un commerce illicite ou coupable pouvaient, eux aussi, réclamer à leur mère des aliments : *ergo et matrem cogemus, præsertim vulgo quæsitos liberos alere* (1); mais comme la loi ne leur reconnaissait pas de père, ni par

(1) L. 5 § 4, *eod. tit.*

conséquent de parents paternels, ils n'avaient aucun droit contre leur père présumé ni contre sa famille.

Comme les *liberi naturales*, les enfants nés d'un *stuprum* étaient affranchis de cette *proprietas*, de ce *dominium* appelé puissance paternelle, et tant qu'ils étaient impubères, un tuteur nommé par le magistrat avait le soin de leur personne et l'administration de ce qu'ils pouvaient posséder.

Il y a déjà une certaine différence entre les enfants nés en dehors des *justæ nuptiæ* en général. La législation romaine établit encore une distinction entre les enfants *vulgo concepti* eux-mêmes ; mais cette distinction nouvelle ne dura pas. Une constitution d'Arcadius et Honorius défendit en effet à certains *spurii* de rien recevoir de leur père et même de leur mère soit entre-vifs, soit par testament, directement ou indirectement, même à titre d'aliments. Cette prohibition ne frappait que les enfants dont les parents étaient parvenus, par ruse ou par fraude, à contracter mariage, malgré l'existence d'un empêchement légal.

Mais Justinien ne fit plus de différence entre les enfants issus d'une union autre que le mariage ou le concubinat, et il atteignit tous les *spurii* indistinctement de la même incapacité absolue dont Arcadius n'avait frappé que quelques enfants incestueux. Il commença par condamner les *spurii* fils d'une grande dame, en ordonnant, par une loi dédiée à la Pudeur elle-même que Justinien nous dit vouloir toujours honorer, qu'ils ne recevraient rien d'elle, s'ils se trouvaient en présence d'enfants légitimes, et bientôt il attaqua les *vulgo quæsiti* en général, leur enleva les droits accordés par le sénatus-consulte Orphitien, et leur défendit de recevoir, même à titre alimentaire, aucune libéralité de leurs parents. Ces enfants *ex damnato coïtu*, qui ne sont ni *legitimi*,

ni *naturales, qui semel ex odibilibus nobis, et propterea prohi-*
bitis nuptiis, qui ex complexibus (non enim hoc vocamus nuptias)
aut nefariis, aut incestis, aut damnatis procedunt, ne doivent
pas porter le nom d'enfants naturels, *neque alendi sunt a*
parentibus. Ils n'ont droit à aucune pitié de la part de Justinien : *sed sit supplicium etiam hoc patrum, ut agnoscant, quia*
neque quicquam peccatricis concupiscentiæ eorum habebunt
filii (1).

Cette législation de Justinien dura, sur les enfants naturels, pendant trois siècles et demi, jusqu'à la fin du neuvième
siècle, époque où Léon VI le Philosophe décréta l'abolition
du concubinat. Plus de différence alors entre les enfants
du concubinat et ceux nés d'une union illicite ; mais les premiers sont assimilés aux seconds, perdant leurs droits, frap-
pés de la même incapacité !

C'est ainsi, quand, sous l'influence du christianisme, la
barbarie eut disparu des lois de la vieille Rome sur la puissance paternelle, qu'un zèle aveugle condamnait sans pitié,
au nom de la religion nouvelle, des enfants envers lesquels
l'ancien droit laissait du moins les parents remplir les devoirs
que leur imposait la nature.

(1) L. 5, C., 6, 57; Nov. 74, ch. 6; Nov. 89, ch. 15.

DROIT CIVIL FRANÇAIS

—

TITRE PREMIER.

*De l'obligation pour les père et mère d'élever
leurs enfants. — Puissance paternelle.*

—

CHAPITRE PREMIER.

Enfants légitimes;

« Les époux contractent ensemble, par le seul fait du
« mariage, l'obligation de nourrir, entretenir et élever leurs
« enfants. » Tels sont les termes par lesquels l'article 203 (1)
reconnaît l'obligation pour les père et mère d'élever l'enfant.
Le droit de l'enfant vis-à-vis de sa famille vient de son impuissance à se suffire à lui-même ; ceux qui lui ont donné le
jour doivent le diriger et le protéger, jusqu'à l'âge où il pourra,
par ses propres facultés, subvenir à ses besoins.

____

(1) Livre Iᵉʳ, titre V; chap. V, C. N.

L'article 203 a une très-grande importance, car la dette d'éducation comprend non-seulement le devoir de prendre soin de la personne physique et morale et des intérêts pécuniaires de l'enfant, mais aussi le devoir de reconnaître l'enfant et de constater ses rapports de filiation. C'est en effet dans la reconnaissance que l'enfant puisera le droit de se faire élever : cela est si vrai, que si les parents ne l'ont pas reconnu, l'enfant pourra rechercher judiciairement sa filiation.

Cet article, qui consacre les premiers devoirs de la paternité et qui est la cause de l'autorité confiée au père et à la mère, eut été mieux à sa place au titre de la puissance paternelle. Il fait de plus partie d'un chapitre dont la rubrique est mauvaise. Ce chapitre V ne renferme rien moins que des obligations qui naissent du mariage. Le législateur n'y a traité que certains effets résultant des rapports de parenté et d'alliance, mais découlant si peu de la cohabitation légitime, qu'ils peuvent exister sans qu'il y ait mariage. La dette d'éducation ne se rattache pas au mariage, et l'enfant naturel peut se prévaloir de l'article 203 ; c'est une obligation qui résulte du fait de la procréation et qui a par conséquent pour cause un quasi-contrat (1).

Le devoir d'éducation est exclusivement imposé par le texte au père et à la mère. Il est en effet pour eux la cause d'un droit qui n'appartient qu'à eux, la puissance paternelle. Aussi l'article 203 qui concerne la dette d'éducation est-il parfaitement distinct des articles suivants qui règlent la dette alimentaire laquelle en diffère essentiellement et ne peut commencer que quand l'autre prend fin (2). L'obligation spéciale d'élever

(1) Art. 1370.
(2) Locré, *lég. civ.*, t. IV, p. 380.

l'enfant, c'est-à-dire le soin de l'éducation qui est la direction physique et morale, et le soin de l'instruction qui est la direction intellectuelle, ne passe pas plus aux ascendants du degré supérieur que la puissance paternelle proprement dite. L'aïeul pourra bien être tuteur et obligé de fournir des aliments à ses petits-enfants (1), mais cette obligation ne saurait chez les aïeuls reposer sur le même principe et recevoir la même étendue que le devoir d'éducation imposé aux père et mère.

Les droits de puissance paternelle découlant de la dette d'éducation, il en résulte que ces droits et cette obligation ne sont pas inséparables. L'autorité paternelle ne peut plus être la même quand la dette d'éducation n'existe pas, mais le devoir d'éducation subsiste tout entier quoique les père et mère soient, par un motif quelconque d'interdiction ou de condamnation, privés de l'autorité paternelle. Les termes de l'article 203 sont absolus.

Donc, la puissance paternelle se rattache directement à l'article 203, car elle est le moyen donné aux parents d'accomplir leur devoir général d'éducation. Mais ce n'est plus cette puissance absorbante et exclusive que le droit de Rome avait organisée au profit du père seul; c'est une autorité conçue dans l'intérêt des enfants et dont la mère peut être revêtue; c'est une puissance qui ne tient ses droits que de l'accomplissement de ses devoirs et dont les rigueurs mêmes ont leur principe, non plus dans l'intérêt de ceux qui l'exercent, mais dans l'affection de ceux qui y sont soumis.

Pendant la rédaction du Code Napoléon on avait proposé de faire disparaître l'expression de *puissance paternelle*, aussi

(1) Art. 402-404, 205, 207, 208.

ne trouve-t-on que le mot *autorité* dans tout le titre IX. Néanmoins, l'expression de puissance paternelle se trouve avoir été conservée et a été employée comme rubrique du titre IX.

Le temps pendant lequel s'exerce cette puissance spéciale comprend la période nécessaire pour donner à l'enfant la vie physique, intellectuelle et morale que réclament son corps et son âme, jusqu'à ce qu'il puisse, par lui-même, développer ses facultés, pourvoir à ses besoins, et transmettre à ses propres enfants ce qu'il a reçu de ses parents. La puissance paternelle comme l'éducation se restreint dans les limites de la minorité. Le Code a fixé un maximum d'années, après lequel l'enfant ne doit plus être sous la main du père, et un minimum, avant lequel la faiblesse des parents ne peut donner à l'enfant le droit dangereux de se gouverner lui-même, et entre ces deux extrêmes, il a laissé au pouvoir domestique le libre usage du droit d'émancipation (1).

Comme le dit l'article 372, l'enfant reste sous l'autorité du père jusqu'à sa majorité ou son émancipation, mais il ne faut pas prendre cette proposition à la lettre, car cela est vrai seulement en thèse générale. La puissance paternelle ne constitue pas un droit propre pour le père ; c'est un ensemble de prérogatives dont chacune a ses conditions d'exercice et de durée. Les unes, comme le droit de garde, l'administration légale, s'éteignent avec la majorité de l'enfant; les autres disparaissent avant la majorité : ainsi l'usufruit légal cesse lorsque l'enfant est parvenu à l'âge de dix-huit ans, le droit de correction prend fin, en partie avant, en partie avec la majorité. Il y a même des prérogatives paternelles, et cela est un vestige du droit romain, qui subsistent après la majorité de

(1) Art. 488, 477.

l'enfant. Ainsi les père et mère doivent être consultés, et peuvent former opposition pendant tout le temps de leur vie, quant au mariage ou quant à l'adoption de l'enfant. Nous définirons donc la puissance paternelle, en disant qu'elle est *un ensemble de droits constitués dans le but et comme moyen d'élever l'enfant, droits qui ont chacun des conditions particulières d'exercice et de durée.*

L'enfant mineur, non émancipé, peut se trouver, ou en puissance paternelle seule, sans tutelle, ou en puissance paternelle et en tutelle tout à la fois, selon qu'il a encore et son père et sa mère ou qu'il se trouve demi-orphelin, par suite de la perte soit de son père soit de sa mère seulement.

Il y a puissance paternelle proprement dite lorsque les père et mère existent tous les deux. Cette puissance appartient aux deux époux en même temps (1). Mais la loi veut-elle donc que la direction de l'éducation et de l'instruction du mineur soit donnée par le père et la mère réunis? Evidemment non, car, pour peu que les époux manquent d'esprit de conciliation, on arriverait à la négation de toute direction, on organiserait la guerre civile dans le ménage, et il faudrait finir par demander aux tribunaux de désigner celui des époux qui devrait donner l'activité et l'impulsion. La loi, comprenant la nécessité de l'unité d'action, a coupé court aux difficultés en donnant la prépondérance au mari. Pendant le mariage la puissance paternelle est *exercée* par le mari seul (2). Après la dissolution du mariage la mère en prendra *l'exercice.*

Quand il y a puissance paternelle seule, les pouvoirs du père sont fort larges ; son autorité n'a pas d'autre contrôle

(1) Art. 203, 371, 372, C. N.
(2) Art. 373.

stable et régulier que celui de la mère. A vrai dire, en fait, durant les premières années de la vie, l'enfant est sous la domination absolue de la mère. Plus tard, les deux époux veillent collectivement aux intérêts moraux et pécuniaires de l'enfant, la mère partage l'exercice du pouvoir avec le chef de famille et remplace le père selon l'urgence et la nécessité du moment. Cette situation présente des garanties suffisantes, aussi la loi ne règle-t-elle que les cas les plus graves, les conflits entre le père et l'enfant. Ceci est important à remarquer, car c'est la justification de l'organisation de notre puissance paternelle. Les moralistes ont souvent reproché au Code d'avoir légèrement traité la puissance paternelle, mais ces reproches n'ont sans doute aucun fondement. Le Code, en effet, ne recherche pas, dans tous leurs détails, les attributs divers de l'autorité domestique, les responsabilités qu'elle emporte avec elle. En réalité, les père et mère ont, sur leurs enfants, l'ascendant qu'ils savent prendre, et les enfants ont pour eux le respect et la confiance qu'ils ont su leur inspirer. Le législateur interviendrait vainement en une situation qui ne peut être réglée que par les principes de la morale. Voilà pourquoi le titre de la puissance paternelle est si bref.

On conçoit parfaitement qu'avant d'être émancipé, un enfant puisse avoir des biens propres, lui provenant soit de son travail, soit de succession, donation ou legs. L'enfant peut être riche, même avant de naître. De là un double point de vue de la puissance paternelle : puissance sur la personne des enfants, puissance sur leurs biens.

SECTION PREMIÈRE.

Attributs de la puissance paternelle quant à la personne de l'enfant.

Chargés d'élever l'enfant, les parents ont, pour le conduire à sa majorité, un ensemble de prérogatives, quant à son instruction et à son éducation, et quant à son établissement ou plutôt quant à certains des actes les plus importants de la vie, lesquelles prérogatives constituent entre leurs mains un pouvoir général de direction. Ils ont, en outre, à partir d'un certain âge, s'ils jugent nécessaire de préparer l'enfant à la majorité, et s'ils le croient apte à pouvoir prendre lui-même une certaine part à sa propre direction, la faculté de l'affranchir de la puissance paternelle en l'émancipant. « Conférer l'émancipation, c'est déclarer, avec « discernement, l'opportunité de fixer un terme à telles et « telles prérogatives de l'autorité de la famille. De toutes ces « prérogatives, c'est peut-être exercer la plus belle, que « d'apprécier l'inutilité de conserver les autres (1). »

(1) Oudot, *Droit de famille*, p. 380.

Nº I. — Droit et devoir de direction de l'instruction et de l'éducation du mineur non émancipé.

§ 1er. — *Garde et résidence du mineur non émancipé.*

Pour prendre soin de la santé, former le cœur, développer l'esprit de l'enfant, il faut pouvoir exercer une action de tous les moments. De là, le droit de garde : les parents peuvent choisir et imposer à l'enfant le séjour où il pourra recevoir et sentir utilement leur influence.

« L'enfant ne peut quitter la maison paternelle sans la permission de son père, » dit l'article 374, sauf dans un seul cas immédiatement indiqué par le texte, « si ce n'est pour enrôlement volontaire, après l'âge de dix-huit ans révolus. » Mais cette disposition est aujourd'hui modifiée. La Loi du 21 mars 1832, article 32, déclare que l'enfant ne pourra contracter un engagement volontaire sans le consentement de son père ou de sa mère, s'il a moins de vingt ans.

La sanction du droit de garde est des plus simples. Quand l'enfant aura fui la maison paternelle, il y sera ramené et réintégré *manu militari*, sur l'ordre du président (1). Dans l'usage, c'est la police qui rattrape le déserteur ; cela peut-être un bon procédé, mais il est illégal. Pour obtenir le concours de la force publique, il faut une ordonnance du président du tribunal.

L'enfant mineur non émancipé étant obligé d'habiter avec

____

(1) Art. 376 *a fortiori*, C. N.; art. 806, C. pr.; art. 260, 271, C. pén.; art. 615 et suiv., Inst. cr.

ses père et mère, il en devait résulter, par voie de conséquence, la disposition de l'article 108 qui fixe chez eux son
domicile.

Les père et mère doivent surveiller la conduite de leur
enfant; donc, ils répondent de lui. Aussi, le père, et la mère
après le décès du père, sont responsables du dommage causé
par l'enfant mineur habitant avec eux (1).

La majorité de l'enfant dégage les parents de toute responsabilité. L'émancipation n'a point cet effet, à moins qu'elle
ne résulte du mariage. Il est vrai que le droit de surveillance ne survit pas à l'émancipation, mais le père est en
faute d'avoir prématurément émancipé son enfant.

Les père et mère ne sont responsables que parce qu'ils
sont présumés avoir mal rempli leur devoir de surveillance;
aussi leur responsabilité est dégagée, s'ils prouvent qu'ils
n'ont pu empêcher le fait d'où est résulté le dommage causé
par l'enfant. Si l'enfant est placé en apprentissage ou en
pension, la responsabilité de ses actes dommageables incom-
bera au patron ou à l'instituteur, dans les limites de la surveillance qu'implique leur mission auprès de l'enfant; les
père et mère sont d'autant déchargés.

§ 2. — *Nourriture, entretien, instruction, éducation du mineur.*

Les père et mère doivent non-seulement *nourrir et entretenir* leurs enfants, c'est-à-dire compléter et continuer la vie
physique que les enfants tiennent du mariage, mais encore
les *élever*, c'est-à-dire leur donner le genre d'éducation con-

_____

(1) Art. 1384, C. N.

venable, relativement à leur fortune et à leur position. Cette obligation n'est pas seulement de l'ordre moral, elle est civile, juridique.

Quand le père est usufruitier légal, cela est incontestable (1). Mais, dans le cas contraire, l'action existe encore indubitablement. L'obligation, écrite dans l'article 203, est imposée en des termes tels que l'action est nécessaire. Toute obligation reconnue par la loi est civilement obligatoire, et toute obligation civile est pourvue d'une action. D'ailleurs, l'obligation consacrée par l'article 203 est une, et comprend tout à la fois la nourriture, l'entretien et l'éducation des enfants, et si l'obligation de nourrir et entretenir est civile, ce qui est certain, civil est aussi nécessairement le devoir d'élever et instruire ses enfants (2).

Mais si c'est un devoir impérieux pour les parents d'élever leurs enfants, c'est aussi un droit pour eux de diriger leur éducation. Les père et mère eux-mêmes ne sauraient faire brèche à ce droit de diriger l'éducation de leurs enfants : quelle que grande que soit la liberté des conventions, elle ne saurait aller jusqu'à porter atteinte à la puissance paternelle. Ainsi, dans un contrat de mariage, les père et mère ne pourraient faire des conventions sur le choix de la religion dans laquelle seront élevés les enfants. De telles clauses sont évidemment de toute nullité; la mère, après le décès du père, le père, du vivant de la mère, ne sont pas tenus de les respecter (3).

Toutefois, le droit de puissance paternelle ne saurait être

<hr>

(1) Art. 385.
(2) Demolombe.
(3) Art. 373, 1388, C. N.

illimité. Par exemple, jusqu'où vont les droits du père ou de la mère, en ce qui concerne les rapports de l'enfant avec la famille soit du père, soit de la mère? Supposons que le mari ou le survivant des époux ne voie ni son beau-père, ni sa belle-mère, l'autorité paternelle pourrait-elle être exercée jusqu'à interdire aux grands parents l'accès de l'enfant et réciproquement? En principe, les parents ont la direction de l'enfant, et leur devoir ne doit guère avoir d'autre garantie que leur tendresse, d'autre sanction que leur conscience et l'opinion publique. Cependant, l'aïeul est attaché à son petit-fils par des liens auxquels la loi attache certains effets des plus importants (1), et la défense faite par le père de l'enfant peut être d'une rigueur excessive et un véritable abus d'autorité. Si donc en droit il est impossible de répondre, en fait les tribunaux apprécieront (2).

Dans un cas, celui où la maison paternelle est un lieu de débauche et de corruption, la loi prononce la déchéance du droit d'éducation. L'article 3.. du Code pénal est le seul texte législatif qui prononce, dans un cas prévu, la déchéance de la puissance paternelle et fixe une limite à l'autorité des père et mère. Faut-il nécessairement en conclure que, sauf cette exception unique, le père et la mère conservent le libre exercice de leur autorité, et que, si on ne peut toucher aux attributs de la puissance paternelle, on ne doit pas non plus, même quand cela devient de la plus haute nécessité, en restreindre l'exercice? Non, et on s'accorde heureusement à dire que les tribunaux ont le pouvoir de modifier l'exercice de la puissance paternelle toutes les fois que les

(1) Art. 150, 205, 402, 745, etc.
(2) Nimes, 10 juin 1825, D., 1826, II, 28.

père et mère commettent des abus. Mais quand y aura-t-il abus? On reconnaît l'abus d'autorité quand les parents, par des violences, par des mauvais traitements, compromettent la santé ou l'intelligence de l'enfant, quand la maison paternelle est un lieu d'immoralité et quand l'enfant n'y puise que de détestables exemples. Il faut bien venir au secours de l'enfant, et si la loi est incomplète à cet égard, dans l'intérêt de la société, les tribunaux doivent pourvoir au silence des textes (1). La nécessité, la raison, la morale donnent à la magistrature un pouvoir de contrôle supérieur sur l'exercice de l'autorité paternelle. L'abus est, dans la pratique, réprimé par l'autorisation donnée à l'enfant d'abandonner la maison paternelle, pour se retirer chez une tierce personne désignée d'office ou sur l'avis de la famille. En tous cas, les tribunaux prendront les mesures que réclament la situation, les circonstances et l'intérêt de l'enfant.

Mais si le père ou la mère néglige absolument l'éducation de l'enfant, ou même lui donne un genre d'éducation évidemment en désaccord avec sa position sociale et sa fortune, qui exercera l'action qui appartient à l'enfant pour contraindre ce père ou cette mère à l'accomplissement de son devoir? Si l'enfant est maltraité, brutalisé, privé de tout, élevé dans l'immoralité, qui aura qualité pour provoquer les mesures qui devront le protéger?

Durant le mariage, pas de doute possible, l'action sera intentée par la mère contre son mari. La procréation est un quasi-contrat civil : les époux *contractent ensemble* par le fait

(1) Art. 4, C. N. — « L'autorité du père est toujours d'ailleurs soumise, « pour le cas d'abus graves, au contrôle suprême des tribunaux. » (Valette, *Explic. sommaire*, p. 212.)

seul du mariage, dit l'article 203, ils sont donc engagés l'un envers l'autre à élever les enfants. Du reste, si après le mariage, le subrogé-tuteur doit veiller aux intérêts de l'enfant, à qui ce rôle, pendant le mariage, serait-il mieux attribué, et par qui serait-il mieux rempli que par la mère (1)?

Mais si la mère ne veut ou n'ose pas agir? Si elle est prédécédée?

L'action qui nous occupe appartient en principe aux enfants, car si les époux sont engagés l'un envers l'autre, ils sont aussi engagés vis-à-vis de leurs enfants à les élever. L'article 204, comparé à l'article 203, en est la preuve irréfutable. Comme ces enfants sont mineurs, si la mère est décédée, leur action sera exercée par le tuteur, dans le cas où le mari survivant n'a pas la tutelle, et dans l'hypothèse contraire par le subrogé-tuteur. Cela n'est pas douteux et a toujours été admis.

Mais à supposer que le père et la mère existent tous deux, la famille, à défaut de la mère, aurait-elle le droit d'intenter l'action contre le père? Non, certainement, et quoiqu'on en ait dit, le conseil de famille ne fonctionne pas, alors que le mariage existe toujours (2).

Quant à savoir si l'action appartient au ministère public,

(1) *Nouveau Denizart*, t. VII, v° *Éducation*, n° 3.

(2) *Contrà*, Demolombe. — Dans notre ancienne jurisprudence, la *famille* avait qualité pour provoquer les mesures nécessaires dans l'intérêt de l'enfant.

M. Demolombe pense que l'enfant, s'il a l'âge de discernement, peut se pourvoir lui-même devant le tribunal. Ce savant jurisconsulte dit que c'est pour l'enfant une sorte de droit de défense direct et personnel. Il est vrai que pour un crime ou un délit commis à son égard par ses parents, l'enfant peut avertir le ministère public; mais aller plus loin nous semble impossible, car les mineurs n'ont pas qualité pour agir en justice.

la question est vivement controversée. Il est évident que si
le fait commis par les parents envers l'enfant est qualifié
crime ou délit, le ministère public agira criminellement ou
correctionnellement, et qu'on appliquera le Code pénal. Mais
c'est à un autre point de vue que nous envisageons la question. Il nous semble indubitable que, le Code étant muet, le
ministère public soit sans pouvoir. En matière civile, en
effet, le ministère public ne peut agir que dans les cas spécifiés par la loi (1), et les articles 267 et 302 ne peuvent suffire
pour autoriser par analogie l'action du ministère public
relativement à la dette d'éducation. Dût-on trouver quelques
rares inconvénients dans l'inaction des membres du parquet,
cette inaction est encore de beaucoup préférable à une sorte
d'inquisition qui viendrait jeter le trouble dans les familles
sur une dénonciation facile (2).

Frais de nourriture, d'entretien et d'éducation. — Si l'enfant
n'a pas de ressources personnelles ou si sa fortune est
insuffisante, les frais de son entretien et de son éducation
seront supportés par ses père et mère. Cette obligation est
une charge du mariage commune aux deux époux. Mais de
même que la dette alimentaire est proportionnée aux besoins
du créancier et aux facultés du débiteur, de même ici il ne
peut y avoir de débiteur que celui-là qui peut payer, en sorte
que, si l'un des deux époux devient insolvable, l'autre se

(1) Art. 46, L. 20 avril 1810.

(2) M. Demolombe pense que le ministère public pourrait avertir le juge
de paix afin qu'il eût à requérir la convocation d'un conseil de famille, et
que l'enfant lui-même peut certainement par ses plaintes éveiller la solli-
citude de ce magistrat. (Vazeille, *Du mariage*, t. II.)

Pothier, dans notre ancien droit, accordait au ministère public le droit
d'agir directement contre le père ou la mère (*Traité du mariage*, nº 384).

trouve en réalité et doit être considéré comme l'unique débiteur (1).

Si les époux sont mariés sous le régime de la communauté légale, les enfants sont à la charge de la communauté (2). La femme a-t-elle obtenu séparation de biens, elle doit contribuer proportionnellement à ses facultés et à celles du mari tant aux frais du ménage qu'à ceux d'éducation des enfants communs. Elle doit même entièrement supporter ces frais s'il ne reste rien au mari (3).

Lorsque les époux ont stipulé par leur contrat de mariage qu'ils seraient séparés de biens ; ou si, étant mariés sous le régime dotal, tous les biens de la femme sont paraphernaux, chacun des conjoints contribue aux charges du mariage, suivant les conventions contenues en leur contrat, et, s'il n'existe point de convention pour lui faire supporter une portion des charges du mariage, la femme y contribuera jusqu'à concurrence du tiers de ses revenus (4).

Sous le régime d'exclusion de communauté, les frais sont supportés conjointement par le mari et la femme (5).

Enfin l'inaliénabilité du fonds dotal n'est plus respectée, quand il devient nécessaire de recourir à la vente, pour pouvoir nourrir et élever les enfants (6).

Mais il est bien entendu que le devoir d'éducation est attaché à la qualité de père ou de mère et qu'il est indépendant de la puissance paternelle. Que le mari exerce le pouvoir

(1) Art. 203, 208, 209, 1448, 1558.
(2) Art. 1409-5°.
(3) Art. 1448.
(4) Art. 1537, 1575.
(5) Art. 1530.
(6) Art. 1558.

domestique, qu'il soit empêché de l'exercer ou déchu de son autorité, et que la femme en ait l'exercice, ou que la puissance paternelle leur soit enlevée à l'un et à l'autre, ils restent néanmoins tenus comme père et comme mère des frais d'éducation (1).

Voyons maintenant comment doivent se régler les frais d'éducation, lorsque l'enfant a des biens propres.

De deux choses l'une, le père ou la mère a ou n'a pas la jouissance légale de la fortune personnelle de l'enfant. Si les parents ont l'usufruit légal, ils doivent pourvoir aux dépenses d'entretien et d'éducation. Mais l'importance des dépenses n'est plus déterminée par l'article 203, elle doit alors être appréciée selon la fortune des enfants eux-mêmes (2). La contribution à cette obligation se trouve elle-même modifiée. Les époux ne sont plus tenus conjointement; celui qui est usufruitier, si les biens de l'enfant sont suffisants, supporte exclusivement la charge de l'entretien et de l'éducation et ne peut y faire contribuer son conjoint. Si le père est usufruitier par exemple, la mère séparée de biens profitera de la fraction de son revenu qu'elle devrait fournir pour cette dépense.

En vertu de l'article 203, les père et mère ne sont tenus des frais d'éducation du mineur, qu'autant que l'enfant n'a pas de biens personnels pour y satisfaire (3). De plus, la

(1) Zachariæ, t. 3; Marcadé, art. 203.

(2) Art. 385-2°.—Par application de l'art. 385, il a été jugé que si le père avait totalement négligé l'éducation d'un enfant propriétaire de biens considérables, et sans tenir compte de son état de fortune, l'avait traité constamment comme un fils d'ouvrier et ne l'avait occupé que de travaux manuels, il pourrait être tenu de restituer tout ce qu'il aurait perçu en vertu de sa jouissance légale. (D., *Rep.*, v° *Minorité*, n° 720; Cass., 23 avril 1817.)

(3) Art. 203, 208-209.

charge imposée par l'article 385 à l'usufruitier légal subsiste quoique le mineur soit propriétaire de biens non soumis à l'usufruit légal. En conséquence, si l'enfant possède des biens affranchis de l'usufruit légal, le père devra imputer d'abord les dépenses sur les revenus qu'il tient de son usufruit, et, en cas d'insuffisance seulement, le supplément sera pris sur les revenus propres de l'enfant.

Si les père et mère n'ont pas la jouissance légale des biens personnels de l'enfant, peuvent-ils imputer ces dépenses sur les revenus personnels de l'enfant, ou doivent-ils supporter exclusivement *de suo* les frais d'entretien et d'éducation ? Il est évident que les parents ne doivent supporter les frais d'éducation qu'autant que les enfants n'ont pas de biens personnels pour y satisfaire (1).

§ 3. — *Droit sanctionnateur : correction.*

Le Code ne s'occupe pas de la discipline de tous les jours. Il s'agit ici d'un moyen énergique de répression contre l'enfant rebelle. Le droit de correction donne à celui qui exerce la puissance paternelle la faculté de faire incarcérer l'enfant dont les fautes sont d'une gravité sérieuse. C'est une répression sévère mais qui n'est permise que sous de nombreuses restrictions. Ce châtiment a l'inconvénient d'assimiler l'enfant à un malfaiteur, de punir ses écarts comme seraient

---

(1) Nîmes, 1er mai 1820, D., 1820, II, 150. — Dans ce dernier cas, les père et mère ne pourraient, contrairement à l'opinion de Proudhon, acquitter les frais d'éducation aux dépens du *capital*, car ce serait une aliénation, un acte d'administration de mauvais père de famille. (Bordeaux, 21 mai 1835, Dev., 1836, II, 10.)

punis des délits. L'incarcération doit, il est vrai, se faire dans le silence (1), mais il en transpire toujours quelque chose, et, dans tous les cas, la punition peut avoir une funeste et pénible influence sur l'esprit de l'enfant.

La loi tolère donc l'incarcération, mais elle l'entoure des plus grandes précautions. Il faut que les griefs des parents soient *très-graves* et quelquefois même leurs plaintes devront être préalablement soumises au président du tribunal (2). Nous distinguerons donc le droit de correction exercé par voie d'*autorité* et le droit de correction exercé par voie de *réquisition*.

Quant le droit est exercé par voie d'autorité, le père a pleins pouvoirs; il exprime simplement sa volonté et les magistrats n'interviennent que pour légaliser cette volonté et lui prêter le concours de la force publique (3). Quand ce droit de correction est exercé par voie de réquisition, le père expose ses sujets de mécontentement au président qui les apprécie et qui, après examen, accorde ou refuse l'incarcération (4).

La loi est très-explicite; pour que le père puisse agir d'autorité, quatre conditions sont exigées : 1° l'enfant doit avoir moins de seize ans commencés; la limite de la loi n'est que *maxima*, il n'y a pas de limite d'âge *minima*. Cependant, si le père usait de son droit contre un enfant trop jeune, cela pourrait être considéré comme un abus commis dans l'exercice de l'autorité paternelle; 2° il faut que l'enfant n'ait pas de biens personnels; 3° l'enfant ne doit

(1) Art. 378.
(2) Art. 375-377.
(3) Art. 376.
(4) Art. 377.

exercer aucun état ; 4° il faut que le père veuf ne se soit pas remarié (1).

Si le père se remarie, ou, si l'enfant a des biens ou exerce un état, au lieu d'agir par voie d'autorité, le père ne peut plus que requérir l'incarcération (2).

La loi cherche à éviter la publicité de l'incarcération de l'enfant. Il n'y aura *aucune* écriture ni formalité judiciaire, *si ce n'est l'ordre d'arrestation*, dans lequel les motifs ne doivent pas être énoncés (3). Cet ordre d'arrestation ne figurera pas non plus dans les casiers judiciaires, car cette punition ne doit pas être considérée comme constituant un antécédent judiciaire. L'incarcération de l'enfant qui résiste au pouvoir domestique n'est pas en effet un emprisonnement proprement dit (4).

Le président désigne l'endroit où l'enfant sera enfermé (5).

L'article 378 avise à ce que la détention ne soit pas trop pénible : « Le père est tenu de souscrire une *soumission* de *payer* tous les frais, et de *fournir* des aliments convenables. » Le texte a soulevé une discussion qui repose tout entière sur une virgule. Le père doit-il consigner les aliments d'avance? Je pense qu'il peut simplement s'engager à payer et les frais et les aliments (6).

Le père est toujours maître d'abréger la durée de la détention par lui ordonnée ou requise. Le plein exercice du *droit de grâce* devait être réservé par le législateur à la puissance paternelle (7).

(1) Art. 380, 382.
(2) Locré, t. VII, p. 36.
(3) V. Valette sur Proudhon; v. aussi art. 600, Inst. cr., et art. 780-790, C. pr.
(4) Fœnet, t. X, p. 500.
(5) Mettray, Petite-Roquette; v. décret du 30 septembre 1807, art. 3.
(6) Fœnet, t. X, p. 470.
(7) Art. 379 ; Fœnet, t. X, p. 470.

La limite extrême de l'incarcération est tantôt d'un mois, tantôt de six mois, selon que l'enfant a moins ou plus de quinze ans. Si l'enfant a moins de quinze ans, le temps fixé par le père ne peut pas être abrégé par le président du tribunal. A-t-il seize ans commencés, le président ne peut pas augmenter mais peut abaisser le temps de la détention requis par le père.

L'enfant, on le comprend, ne peut préalablement présenter sa défense, mais dans *tous les cas* où sa détention a lieu par voie de *réquisition* (1), il lui est permis d'en appeler contre son arrestation, en adressant un mémoire au procureur général. Celui-ci, après informations prises auprès du procureur près le tribunal de première instance, présente un rapport au premier président qui peut, après avoir consulté le père et reçu officieusement tous avis possibles, révoquer ou modifier l'ordre délivré par le président du tribunal de première instance.

L'enfant qui a déjà été incarcéré et qui tombe dans de nouveaux écarts, pourra encore être détenu conformément aux règles que nous venons d'exposer (2).

<h3 align="center">N° II. — Droit d'émancipation.</h3>

La loi reconnaît deux espèces d'émancipation : l'émancipation légale ou *tacite* et l'émancipation expresse.

L'émancipation tacite est celle qui résulte de plein droit du mariage du mineur (3). En cas de dispenses accordées

(1) *Contrà*, Marcadé, art. 382; Ponet, t. X, p. 250, 530-531.
(2) Art. 370.
(3) Art. 476.

par le gouvernement, l'émancipation tacite aura lieu à un âge où n'est pas possible l'émancipation expresse (1).

L'émancipation expresse est celle qui résulte d'une déclaration solennelle faite, devant le juge de paix, par les personnes qui ont reçu de la loi le pouvoir d'émanciper (2).

Lorsque l'enfant a encore ses père et mère, le droit d'émanciper appartient exclusivement au père. Lorsque l'enfant a perdu ou son père ou sa mère, le survivant, qu'il soit tuteur ou non, a le droit d'émanciper.

Le pouvoir d'émanciper n'appartient-il à la mère que dans le cas où le père est mort ? ou bien ce droit passe-t-il à la mère quand le père est dans *l'impossibilité* de l'exercer lui-même? Cette question a fait naître bien des controverses. Mais si la puissance paternelle est réellement conçue dans l'intérêt de l'enfant, si elle est moins un droit que le moyen d'accomplir un devoir, lorsque la mère, *à défaut du mari*, que celui-ci soit *absent* ou *interdit*, a dans les mains l'autorité domestique, elle doit pouvoir émanciper l'enfant qu'elle dirige (3).

Le mineur ne peut être émancipé par ses père et mère que lorsqu'il a atteint l'âge de quinze ans révolus. La seule déclaration du père ou de la mère confère l'émancipation. Ce sont les parents émancipateurs qui prononcent; le juge de paix, assisté de son greffier, ne fait que recevoir leur déclaration. La loi ne parle pas du consentement de l'enfant: d'où la conclusion naturelle que ce consentement n'est pas nécessaire.

(1) Art. 144; Cass., 21 février 1821 (Sir., 21, I, 188).

(2) Art. 477.

(3) Aubry et Rau; Demol.; *contrà*, Val. sur *Proud.*, II, 425; V. Duranton et Demante.

N° III. — Droit et devoir de direction de certains actes importants de la vie du mineur.

Mariage. — L'homme, mineur de vingt-cinq ans, la femme, mineure de vingt-un ans, ne peuvent contracter mariage sans le consentement de leurs père et mère (1). Le consentement de la mère, aussi bien que celui du père, doit être demandé pour un acte aussi important. Sans doute, en cas de dissentiment, l'avis du père doit l'emporter, mais pour qu'il y ait dissentiment, faut-il au moins que la mère ait été consultée. La mère qui doit être respectée comme le père, a le droit d'être interrogée; sa réponse d'ailleurs peut être d'une grande influence sur la décision de l'enfant. Y a-t-il eu mariage, sans que le consentement des parents ait été demandé ou obtenu, les parents et l'enfant qui devait les consulter pourront seuls attaquer le mariage (2); mais une rectification soit expresse soit tacite pourra couvrir la nullité relative de ce mariage.

Tutelle officieuse. — Si, pour le mariage, le consentement du père suffit en cas de dissentiment, il faut, pour l'établissement d'une tutelle officieuse, le consentement simultané du père et de la mère (3). Cela se comprend. Les père et mère transmettent au tuteur officieux l'obligation de nourrir et élever le pupille; ils lui confient l'administration de la personne et des biens de l'enfant (4): c'est l'exercice de la puissance paternelle poussé jusqu'à l'abdication. Pour le consen-

(1) Art. 148.
(2) Art. 182.
(3) Art. 361.
(4) Art. 361-365.

tement au mariage, la loi distingue le sexe des descendants ; pas de distinction quant au consentement à la tutelle offi-cieuse.

Entrée de l'enfant dans les ordres. — Si les conseils réflé-chis de ses parents sont utiles à l'enfant pour qu'il ne contracte pas un mariage imprudent, ils lui sont aussi indispensables lorsqu'il se sent attiré par la vie contemplative du cloître. Se marier, c'est chose importante, se décider à ne se marier jamais, c'est chose autrement grave encore.

Un décret du 18 février 1809, relatif aux congrégations ou maisons hospitalières de femmes, porte, dans son ar-ticle 7, que les élèves ou novices ne pourront contracter de vœux si elles n'ont seize ans accomplis ; que les vœux des novices âgées de moins de vingt-un ans ne pourront être que pour un an ; que les novices seront tenues de présenter les consentements demandés pour contracter mariage par les articles 148, 149, 150, 159, 160 du Code civil.

Quant aux ecclésiastiques, les évêques ne peuvent les ordonner qu'à vingt-deux ans accomplis (1).

Profession militaire. — Le droit de consentir à l'enrôle-ment du mineur de vingt ans, appartient au père pendant le mariage, puis au survivant des père et mère (2).

Profession commerciale. — Tout mineur émancipé de l'un ou de l'autre sexe, âgé de dix-huit ans accomplis, qui veut profiter de la faculté que lui accorde l'article 487 du Code Napoléon de faire le commerce, ne pourra en commencer les opérations, ni être réputé majeur, quant aux engage-ments par lui contractés pour faits de commerce, s'il n'a

(1) Décret du 28 fév. 1810, art. 4.
(2) L. 21 mars 1832, art. 32-5°.

été préalablement autorisé par son père, ou par sa mère, en cas de décès, interdiction ou absence du père.... (1).

Profession industrielle. — Le contrat d'apprentissage est réglé par les lois du 22 germinal an XI, du 22 février-4 mars 1851.

SECTION DEUXIÈME.

*Attributs de la puissance paternelle quant aux biens
de l'enfant.*

Nº I. — Droit et devoir de direction de la fortune du mineur
non émancipé. — Administration légale.

Le mineur est parfaitement capable des obligations résultant de la volonté de la loi, et il est responsable de ses délits et quasi-délits (2). Pour les contrats, la situation du mineur non émancipé est différente. Dans le contrat de mariage, par exception, il figure en personne, mais il est assisté (3). Pour tous les autres contrats, ce n'est plus lui qui agit, escorté d'un protecteur ; un autre, qui le représente, comparaît seul et agit pour lui. Durant le mariage, c'est le père qui, chargé du mandat légal d'administrer les biens de son enfant mineur, le représente dans tous les actes de la vie civile. C'est ainsi que nous traduirons, au moyen de l'ar-

(1) Art. 2, C. com.
(2) Art. 1310, C. N.; 60 et suiv., C. p.
(3) Art. 1095, 1300, 1308, C. N.

ticle 450, l'article 389 conçu en ces termes : « Le père est, durant le mariage, administrateur des biens personnels de ses enfants mineurs. » On voit facilement qu'en principe la mère ne pourrait administrer les biens de ses enfants. Cependant il peut se faire, dans des cas exceptionnels, que la mère soit appelée à administrer les biens du mineur, par exemple si le père a disparu sans donner de ses nouvelles ou a été interdit.

L'administration légale des biens du mineur est un attribut de la puissance paternelle qui n'existe que pendant le mariage et qui s'éteint avec le mariage. Après le mariage, en effet, l'administration légale se transforme en administration tutélaire.

L'article 389 se trouve à tort au titre de la tutelle, car la tutelle n'existe pas pendant le mariage. Le père administre à la fois comme usufruitier et comme mandataire légal ; on eut donc mieux fait de placer l'article 389 au titre de la puissance paternelle, où sont situées les dispositions concernant l'usufruit légal. Durant quelques années, après la promulgation du Code, on pensa que l'administration était conférée au père à titre de tutelle, et on en avait conclu qu'il devait être surveillé par un subrogé-tuteur, recevoir les avis d'un conseil de famille et que ses biens devaient être grevés comme garantie de sa gestion de l'hypothèque légale (1).

A ce sujet, tout le monde est d'accord aujourd'hui : le père est administrateur comme exerçant l'autorité paternelle ; point de subrogé-tuteur, point de conseil de famille permanent auprès de lui, point d'hypothèque légale sur ses biens. L'article 389 n'existait pas dans la rédaction primi-

(1) Colmar, 22 mai 1810; Toulouse, 23 déc. 1818, D., *rép.*, v° *Priv. et Hyp.*, n° 1035.

7

tive : il a été ajouté, après coup, sur la demande du Tribunat. On évita de désigner par le mot *tutelle* l'administration légale, et la proposition faite d'expliquer l'article 389 par un renvoi à la section viii fut repoussée. Dans la discussion, on insista et sur l'idée d'accorder au père plus de confiance qu'au tuteur et sur cette considération que la tutelle ne doit commencer que lorsqu'une garantie pour l'enfant devient nécessaire, c'est-à-dire lorsqu'il est privé de l'un de ses protecteurs naturels. Voici du reste comment s'exprimait le Tribunat à propos de l'article 389 : « ..... Si pendant que le « mariage existe, la loi n'admettait aucune différence entre « le père et le tuteur proprement dit, il faudrait que le père « fût, par rapport aux biens personnels de ses enfants, assu- « jetti, durant le mariage, à toutes les conditions et charges « que la loi impose au tuteur, sous la dépendance d'un con- « seil de famille, etc., ce qui répugne à tous les principes « constamment reçus. Il paraît évident que jusqu'à la « dissolution du mariage, le véritable titre du père et le « seul qu'il puisse avoir dans l'hypothèse est celui d'admi- « trateur (1). »

Il ne faut donc attacher aucune importance à la situation dans le Code de l'article 389. Il est facile, du reste, de se rendre compte de l'intention des législateurs qui ont voulu réunir, sous le même titre, les règles relatives à l'administration des biens des mineurs, depuis son bas âge jusqu'à sa majorité ou son émancipation, pendant l'existence des père

(1) Locré, t. VII, p. 215; Fenet, t. X, p. 630. — V. arrêt cass., 4 juillet 1842, D., *rép.*, v° *Appel,* n° 080. — Dans l'ancien droit, il était admis que l'administration légale du père était distincte de la tutelle, et que l'administration légale comportait des pouvoirs plus étendus que ceux de la tutelle. (Laurière sur Loysel, *inst. cont.*, liv. I, t. 4, règle 1; Merlin, *rép.*, v° *adm. légale.*)

et mère, et après la mort ou de l'un d'eux ou de tous les deux (1).

L'article 389 est le seul texte relatif à l'administration légale du père. Cette lacune a fait naître bien des difficultés, et le doute existe sur tous les détails de l'administration légale. D'ordinaire, quand elle appelle un tiers à administrer, la loi fixe les règles de l'administration ; ainsi en est-il dans la tutelle, le mariage. Pour l'administration légale du père, la loi est muette sur les conditions de la gestion. On pourrait en conclure que cette administration est sans limites, ou bien on inclinera pour que le père ne puisse agir qu'en remplissant toutes les formalités exigées du tuteur. La pratique n'a admis ni l'une ni l'autre de ces idées, et il s'est établi à cet égard une sorte de droit coutumier qui varie selon les localités. Mais il y a quelques points sur lesquels on est tombé d'accord et où la pratique est uniforme.

Pour les droits du père administrateur légal, ils sont calqués sur ceux du tuteur. Le père est *administrateur*, dit l'article 389, des biens de ses enfants mineurs. Le tuteur, porte l'article 450, *administrera* les biens du mineur. Le père administrateur légal, administrera donc la fortune de son enfant qu'il représentera dans les actes de la vie civile, et, comme le tuteur, aura pleins pouvoirs pour tous ceux qui rentrent dans l'administration proprement dite. Tous les actes de simple administration ou de conservation seront donc valablement faits par le père administrateur légal. Ainsi, il a pleins pouvoirs pour recevoir et faire le paiement des capitaux dont le mineur est créancier ou débiteur, percevoir les revenus et en donner quittance, les capitaliser,

(2) Art. 380, 390 à 396, 397 et suiv.

exercer les actions mobilières, défendre aux actions immobilières, faire les réparations, vendre les meubles et passer les baux de neuf ans au plus pour les immeubles (1). Il est responsable, car il doit agir en bon père de famille ; il rendra compte ; mais comme il avait qualité pour agir, les tiers qui auront traité avec lui pourront vivre dans une tranquillité complète (2).

En thèse générale, le père administrateur légal, n'encourt pas la responsabilité particulière qui pèse sur le tuteur, et pour ses actes de gestion, il ne peut être soumis qu'aux règles du droit commun (3). Ainsi, le père n'est qu'administrateur, et, selon les règles du droit commun, tout administrateur doit rendre compte de sa gestion. Le père rendra donc des comptes quand son administration prendra fin (4) ; mais il pourrait, croyons-nous, traiter avec son enfant, sans attendre la remise du compte en la forme de l'article 472 (5). Ainsi encore, le reliquat de ce compte, au profit de l'enfant, ne portera pas intérêts de plein droit, et, par une simple sommation à son fils, le père ne fera pas courir les intérêts de ses créances d'administrateur. L'article 474 est, en effet, en dehors du droit commun ; il en est de même des articles 455 et 456. Le père ne devra donc les intérêts que dans les termes des articles 1153 et suivants. De même, pour l'action en reddition des comptes d'administration qui appartient à l'enfant contre son père, elle ne doit se prescrire, n'ayant pas fait l'objet d'une disposition particu-

(1) Art. 1718; Conf., Demol., t. VI, p. 331.
(2) Demol., t. VI, p. 310.
(3) Art. 380, 1382.
(4) 380-2°.
(5) Agen, 11 mars 1851, D. P., 55, II, 201.

lière, que selon les règles du droit commun, par le délai de trente années.

Quant aux actes que le tuteur peut faire seul, le père administrateur, avons-nous dit, doit avoir les mêmes droits que le tuteur. Le père administrateur n'est même pas astreint aux obligations spécialement imposées au tuteur. Ainsi, les articles 451, 452, 453 et 455, la Loi du 24 mars 1806, le décret du 25 septembre 1813 prévoyant l'apposition de scellés, la confection d'un inventaire, la vente des meubles, les formes de la vente des meubles, la fixation d'une somme à laquelle commencera l'obligation d'employer l'excédant des revenus sur la dépense, ne regardent pas le père administrateur : la loi s'en rapporte à son affection présumée. Il apprécie souverainement ce qu'il doit faire de plus convenable aux intérêts de ses enfants (1).

Lorsqu'il y a opposition d'intérêts entre le père et l'enfant, par exemple pour une succession échue en commun, pour un procès où ils jouent les rôles opposés de demandeur et de défendeur, on nomme un *administrateur ad hoc* (2). Mais comment nommer cet administrateur? Les Cours d'appel et la Cour de cassation ont toujours décidé que le conseil de famille devait nommer l'administrateur *ad hoc* (3).

(1) Le père, administrateur d'un patrimoine qui n'est pas le sien, et ayant à rendre compte de sa gestion, doit faire inventaire. Toutefois, il a qualité pour inventorier seul, sans contradicteur, et il n'encourt pas la déchéance de l'article 451, faute de la déclaration y proscrite. Le défaut d'inventaire, sans le rendre passible de l'article 1442, exposerait le père à l'établissement par commune renommée de la valeur et consistance du mobilier (art. 1442-1°, 1415, 1504).

(2) M. Demolombe pense que l'expression de *tuteur ad hoc* est plus exacte (art. 318); M. Duranton veut que cet administrateur se nomme *subrogé-tuteur ad hoc.*

(3) Cass., 0 mai 1864, D. P., 04, I, 400.

Dans quelques localités, et notamment à Paris, en pratique, l'administrateur *ad hoc* est choisi par le tribunal en la chambre du conseil. Les juges de paix de Paris se refusent à convoquer le conseil de famille pour le choix de cet administrateur. Mais quand il y a procès, la Cour d'appel et la Cour de cassation ne manquent pas d'infirmer la décision des juges du tribunal de première instance.

Mais voici maintenant où les opinions sont très-divergentes.

Que faut-il décider à l'égard des actes, pour lesquels l'autorisation d'un conseil de famille et même l'homologation du tribunal sont nécessaires au tuteur? L'autorisation du conseil de famille est nécessaire, mais suffit au tuteur, pour accepter sous bénéfice d'inventaire ou pour répudier une succession échue au mineur (1) ; pour accepter une donation faite à ce mineur (2) ; pour introduire en justice une action relative aux droits immobiliers ou pour acquiescer à une demande relative aux mêmes droits (3) ; pour provoquer un partage au nom du pupille (4) ; pour vendre une inscription de plus de cinquante francs de rente sur l'Etat (5) ; prendre à ferme les biens du mineur.

Emprunter pour le mineur, aliéner, hypothéquer ses immeubles, sont trois actes pour lesquels le tuteur doit prendre l'autorisation du conseil de famille et demander l'homologation du tribunal (6).

(1) Art. 401.
(2) Art. 463.
(3) Art. 464.
(4) Art. 465.
(5) L. 28 mars 1800, art. 4.
(6) Art. 457, 458.

Toute transaction faite par un tuteur ne serait valable qu'avec l'autorisation du conseil de famille, l'avis de trois jurisconsultes et l'homologation du tribunal (1).

Quelle est pour tous ces actes l'étendue des pouvoirs du père? Ici, le désaccord est complet. A Paris, on ne convoque pas le conseil de famille : c'est une jurisprudence constante : le père a directement recours au tribunal pour se faire autoriser, et c'est la première chambre, en son conseil, qui donne l'autorisation. Dans d'autres ressorts, il n'en est pas de même; on trouve plus légal d'appliquer les règles établies au titre de la tutelle, conseil de famille, homologation, etc.

Mais quelle est celle de ces deux doctrines qu'il faut préférer? Cela est difficile à dire, car la loi est parfaitement muette. Faut-il, en un mot, appliquer les règles de la tutelle, ou doit-on s'en remettre au contrôle des tribunaux pour tous les actes qui dépassent l'administration ? Telles sont les deux seules opinions sur lesquelles on puisse hésiter (2).

Quant aux actes qui dépassent l'administration, dans la première opinion, on trouve qu'il y a analogie entre le tuteur et le père administrateur ; on s'appuie sur l'article 389 placé sous la rubrique de la tutelle, et on montre par l'article 302 que le conseil de famille peut intervenir du vivant des père et mère (3).

(1) Art. 407.

(2) Zachariæ semble regarder le droit du père comme illimité; Aubry et Rau demandent, du moins, s'il ne faut pas excepter les actes indiqués dans l'art. 457 ; Dur., Proudh., Marc. prétendent que le père peut faire *seul et sans condition* les actes où le tuteur n'a besoin que de l'autorisation du conseil de famille, et n'a besoin de *l'autorisation* du tribunal que là où le tuteur devait obtenir un jugement d'homologation après la délibération de la famille.

(3) Val.; Domol.; Dem.

Dans la seconde opinion, on répond qu'il n'y a pas de conseil de famille, pas de tutelle, puisque le mariage existe, ce qui est très-logique : qu'il serait dangereux de créer l'antagonisme du père et du conseil de famille; et que l'article 302 suppose le mariage *détruit* par le divorce. Nous savons en outre qu'il n'y a rien à inférer de la place de l'article 389, et même que le législateur n'a pas entendu assujettir le père administrateur aux obligations d'un tuteur ordinaire. Et, en effet, la présence de la mère n'est-elle pas une garantie? Ne voyons-nous pas enfin le père et la mère, même lorsqu'ils sont tuteurs, non contraints aux obligations prescrites au tuteur ordinaire?

Enfin, il est des actes complétement interdits au tuteur qui ne peut ni compromettre pour le mineur, ni accepter une succession purement et simplement, ni disposer à titre gratuit, ni acheter, soit à l'amiable, soit en justice, les biens mobiliers ou immobiliers du mineur, ni accepter la cession d'un droit ou d'une créance contre lui (1). Sans aucun doute, ces actes sont absolument défendus aussi au père administrateur légal.

On s'est demandé si des biens pouvaient être donnés ou légués à l'enfant, sous la condition expresse que le père ne les administrerait pas. Quand il s'agit de la jouissance légale, la loi est formelle; mais pour l'administration légale, le silence de la loi est complet. La jurisprudence est, sur cette grave question, fixée pour l'affirmative (2).

La Novelle 117 de Justinien admettait aussi l'affirmative;

(1) Art. 450, 461, 1596.

(2) Cass., 30 avril 1833, D. P., 33, I, 221; Caen, 20 nov. 1840, Dov., 41, II, 78; *Conf.*, Toullier; Merlin, *rép.*, v° *Puiss. pat.*; Proud., *De l'usufruit*; Dur.; Zach.

mais nous croyons que, sous le Code, la négative doit prévaloir. La condition que le père n'administrera pas les biens
donnés ou légués à l'enfant devra être réputée comme non
écrite, comme la renonciation par laquelle le père, dans son
contrat de mariage, se priverait lui-même du droit d'administrer les biens de ses enfants (1). Admettrait-on, en effet, la
clause d'un legs ou d'une donation qui ferait obstacle à la
tutelle légale? Or, le père n'administre-t-il pas de plein
droit pendant le mariage, comme le survivant est tuteur de
plein droit? La déchéance de l'exercice des droits constitutifs de la famille ne peut être prévue dans l'intérêt de l'enfant
et prononcée dans des circonstances spéciales que par la loi,
et il serait contraire à l'ordre public qui a créé la puissance
paternelle, de permettre à une volonté privée d'enlever l'administration soit au père, soit à la mère (2).

N° II. — Jouissance légale.

Les droits de direction et de correction, celui d'administration légale, sont conçus dans l'intérêt de l'enfant. Pour la
jouissance légale, il n'en est pas ainsi. Comme administrateur, le père touche les revenus de l'enfant, comme usufruitier, il se les approprie. Cet attribut est accordé au père
durant le mariage et au survivant des père et mère après la
dissolution (3). Mais en n'attribuant la jouissance légale à la

(1) Art. 389, 390, 900, 1388.
(2) Oudot, *Droit de famille;* Rouen, 20 mai 1845, D. P., 46, II, 148.
Une troisième opinion admet que la clause n'est pas nécessairement nulle,
et que les tribunaux peuvent l'annuler ou la valider selon les circonstances.
(Demol., t. VI.)
(3) Art. 384.

mère que lorsqu'elle est devenue veuve, la loi n'a prévu que le cas le plus ordinaire. Le plus souvent en effet c'est le père qui, pendant le mariage, a le droit de la puissance paternelle et le plus souvent aussi c'est celui qui a le droit qui en a l'exercice. Quand bien même le père serait remplacé par la mère dans l'exercice de son droit, s'il n'a pas perdu le droit lui-même, c'est à lui toujours qu'appartient l'usufruit. Aussi quand le mari est présumé absent ou interdit, la femme lui doit compte des bénéfices qu'elle a perçus dans l'exercice d'un droit dont il n'a pas été dépouillé (1).

Mais il peut arriver, par application de l'article 335 du Code pénal, que le père soit dépouillé de son droit de puissance paternelle. Alors comme la femme exercera l'autorité paternelle, non plus au nom du mari, mais de son propre chef, il est juste qu'elle profite des émoluments de même qu'elle supporte les devoirs que ce droit comporte (2).

Ce droit de jouissance légale dérive directement du droit Romain (3).

A Rome, tout ce que le fils pouvait acquérir fut d'abord, par droit de puissance paternelle, acquis au père. Ce droit exclusif s'adoucit, et sous l'Empire, on reconnut le fils plein propriétaire du pécule castrens et quasi-castrens ; mais quant à la fortune qui composait ce qu'on a appelé le pécule adventice, le père en eut l'usufruit, usufruit réduit à moitié en cas d'émancipation.

Dans nos anciennes provinces, dites de droit écrit, où le droit Romain s'était perpétué, la jouissance des biens du fils

---

(1) *Conf.*, Demol.; Mourlon ; *Contrd*, Marcadé.
(2) *Conf.*, Mourlon; Marcadé; *Contrd*, Val.; Demol.; Dem.
(3 *Contrd*, Oudot, *Droit de famille.*

appartenait au père jusqu'à la mort. Cependant, cette jouissance cessait en partie à l'émancipation, et on avait fini par
introduire des émancipations tacites , notamment par le
mariage.

Dans notre ancien droit coutumier, ce fut tout autre chose.
Le droit de *garde* ne portait pas sur tous les biens de l'enfant
et ne durait que jusqu'à la puberté. Il fallait, en outre, que
le mariage des père et mère fut dissous, car le droit de garde
n'appartenait qu'au *survivant* des deux époux. Le survivant
des époux avait la jouissance des biens appartenant à l'enfant et provenant de l'auteur prédécédé.

Ce droit de garde tire lui-même son origine de la garde
seigneuriale du droit féodal. Les fiefs étaient concédés à charge
de service militaire, et quand le fief passait à des mains trop
jeunes, le seigneur prenait la possession et la jouissance du
fief jusqu'à ce que le propriétaire puisse porter les armes. Puis
le seigneur, au lieu de se charger lui-même du fief, en donna
la garde à un tiers capable de remplir le service militaire.

En droit romain, l'usufruit légal est un reste de l'ancien
droit paternel. L'idée de la garde noble et bourgeoise, au contraire, était de maintenir, pendant un certain temps, au survivant des père et mère, l'état de fortune qu'il avait eu
pendant le mariage avec son conjoint. Chez nous, la puissance
paternelle est un moyen de s'acquitter des devoirs de la paternité, mais on y rencontre, comme vestige des lois romaines,
souvenir perpétué dans les provinces du Midi, un droit établi
entièrement dans l'intérêt seul de l'autorité domestique. On
a considéré que l'exercice de la puissance paternelle était
l'occasion de charges pécuniaires, et, à titre de compensa-
tion, on a accordé la jouissance des biens qui appartiennent
à l'enfant mineur.

Aujourd'hui, le droit de jouissance légale porte sur tous les biens de l'enfant quelle qu'en soit l'origine. Il a lieu pendant le mariage. C'est donc le système romain transformé; au lieu d'être perpétuel, il n'est plus que temporaire.

On critique beaucoup aujourd'hui ce droit de jouissance légale; ce n'est, en effet, qu'une rétribution accordée aux parents.

Sur quels biens porte l'usufruit légal? sur tous les biens de l'enfant, l'article 384 ne distingue pas. Il ne faut donc admettre que les exceptions formellement écrites dans un texte. Ces exceptions sont au nombre de quatre :

1° Article 387. L'usufruit légal ne s'étend pas aux biens que les enfants peuvent acquérir par un travail et une industrie *séparés*, c'est-à-dire distincts de l'état ou de la profession des père et mère.

Cet article 387 est un souvenir direct du droit romain; c'est le pécule castrens ou quasi-castrens, sauf cette différence que le père a l'administration de ces biens parce que l'enfant est mineur.

2° Les biens compris dans un majorat ne sont pas, d'après un avis du Conseil d'Etat du 30 janvier 1811, soumis à l'usufruit légal. Mais cette exception ne saurait durer longtemps grâce aux lois du 12 mai 1835 et du 11 mai 1849.

3° Article 387. On peut faire une donation ou un legs à un mineur sous la condition que les père et mère n'en auront pas l'usufruit.

Mais la loi veut que le donateur qui désire exclure les père et mère de l'usufruit des biens donnés à l'enfant en exprime *formellement* son intention.

4° Article 730. Le père, ou la mère, exclu d'une succession comme indigne, est privé par la loi de l'usufruit des biens de cette succession dévolue à ses enfants. La loi n'a pas voulu que l'indigne profitât indirectement d'une succession dont sa faute l'a fait écarter. Sans cette sanction de l'article 730, la prohibition de l'article 727 eut été illusoire (1).

Mais quelles sont les charges de l'usufruit légal? Aux termes de l'article 385 elles sont de quatre espèces :

1° Si on excepte le cautionnement, l'usufruitier légal est assujetti aux charges dont sont tenus les usufruitiers ordinaires (2).

2° La nourriture, l'entretien et l'éducation des enfants, selon leur fortune. D'après l'article 203, les père et mère ne sont tenus d'élever leurs enfants que dans les limites de leur fortune personnelle, tandis que l'article 385 impose à l'usufruitier légal de proportionner cette éducation à la fortune des enfants eux-mêmes. Les créanciers personnels des père et mère pourraient mettre fin à l'obligation que leur impose l'article 203, en saisissant et en vendant leurs biens, mais l'article 385 ne permet aux créanciers de saisir que l'excédant des revenus sur les frais d'entretien.

3° Le paiement des arrérages ou intérêts des capitaux échus et dus au moment où a commencé la jouissance. Quant aux arrérages et intérêts à échoir, ils rentrent dans les charges auxquelles sont tenus les usufruitiers ordinaires. Autrement le troisième paragraphe de notre article serait inutile et ne serait qu'une répétition pure et simple du paragraphe premier.

4° Les frais funéraires et ceux de dernière maladie.

(1) Déjà à Rome le père, personnellement indigne, par exemple, *si accusaverit testamentum*, ne pouvait réclamer pour son compte le legs fait à son fils.

(2) Art. 578, 600, 601, 605, 607, 608, 610, 612, 613, 616.

Evidemment ce sont les frais funéraires et de maladie de la personne à qui l'enfant à succédé et non de l'enfant lui-même comme Delvincourt a essayé de le soutenir. Les frais de toute maladie de l'enfant sont dus par les père et mère, qu'ils soient ou non usufruitiers: cela rentre dans les dépenses d'entretien. Il serait plus étrange encore de voir les funérailles de l'enfant donner naissance à une dette qui naîtrait alors que l'usufruit vient de s'éteindre.

SECTION TROISIÈME.

Puissance paternelle et tutelle réunies.

Quand l'un des deux auteurs est prédécédé et que l'autre existe, le pouvoir domestique prend une forme mixte, il y a tout à la fois puissance paternelle et tutelle. Ceci résulte des articles 373 et 390 : D'un côté, la puissance paternelle survit au mariage, mais profondément modifiée ; de l'autre, il y a ouverture de la tutelle, donc, il y a concours de ces deux pouvoirs.

Mais comment se combinent ces deux pouvoirs? Deux hypothèses peuvent se présenter :

1° *Le survivant des père et mère n'a pas la tutelle.* Dans ce cas, le père ou la mère survivant conserve la puissance paternelle; c'est un tiers qui est le tuteur de l'enfant. Les deux pouvoirs sont placés en des mains différentes, mais les fonctions du tuteur se réduisent uniquement à l'administration des biens, sous le nom de gestion tutélaire, avec conseil de famille, subrogée-tutelle et hypothèque légale (1).

2° *Le survivant des père et mère a la tutelle.* Alors la puissance paternelle et l'administration tutélaire se réunissent et se confondent dans la même personne. L'administration légale s'est transformée en administration tutélaire. Les biens de l'enfant ne sont plus administrés que par un tuteur avec conseil de famille, subrogé-tuteur et garantie de l'hypothèque légale (2).

Il y a concours des règles de la puissance paternelle et de la tutelle.

Ainsi le père survivant conserve la puissance paternelle telle qu'elle était pendant le mariage. Elle est même augmentée d'un droit, celui de choisir un tuteur testamentaire (3). L'usufruit légal n'a pas changé (4). Cela reste rigoureusement vrai, tant que le père veuf ne s'est pas remarié. Mais si le père convole en secondes noces, bien que sa puissance ne soit pas atteinte, quant à l'instruction et à l'éducation au point de vue du droit déterminateur, le second mariage modifie le droit sanctionnateur ; le droit de correction entre les mains du père survivant est toujours et pour toujours diminué par le second mariage. Pour faire détenir ses enfants du premier lit, le père remarié ne peut plus agir que par la voie de la réquisition (5). Il en est ainsi, que les enfants aient des biens personnels ou non, exercent ou n'exercent pas d'état séparé, soient majeurs ou mineurs de seize ans : la loi

(1) Art. 405, 372.
(2) Art. 372, 389, 390, 420, 2121.
(3) Art. 397 à 401.
(4) Art. 384.
(5) *Est mihi namque domi pater, est injusta noverca* (Virgile).

ne fait aucune distinction. Et il en doit être ainsi lors même que le père viendrait à perdre sa nouvelle femme. Ce père *remarié*, en effet, n'est pas resté veuf, et par cela seul qu'il a convolé en secondes noces, le législateur suppose qu'il n'a plus la même tendresse pour ses premiers enfants, qu'il ne peut plus avoir pour eux la même impartialité (1).

La tutelle de l'enfant est déférée par la loi au père survivant. De là, avons-nous dit, deux pouvoirs simultanés, réunis dans la même main, organisés dans un même but, la protection du mineur; mais ces deux pouvoirs ont cependant quelques caractères de différence. Ainsi la puissance paternelle absorbe, quant à la personne du mineur, les pouvoirs du tuteur. L'autorité paternelle implique nécessairement plus de liberté d'action que la tutelle. Le droit de correction appartient au père survivant directement; le tuteur ne peut que porter ses plaintes au conseil de famille (2).

Le père peut émanciper son enfant, dès qu'il a accompli sa quinzième année; le tuteur n'a pas le droit d'émanciper le pupille : à dix-huit ans seulement, le mineur, resté sans père ni mère, peut être émancipé, si le conseil de famille l'en juge capable (3). Enfin le consentement du tuteur n'est jamais exigé pour le mariage du mineur ; à défaut d'ascendants, c'est le conseil de famille qui doit donner ce consentement (4).

L'administration légale ayant cessé avec le mariage, le père se trouve de plein droit administrateur tutélaire de la fortune de son enfant. Le père survivant ne peut refuser

(1) Art. 380, C. N.; Réal, *Exposé des motifs.* (Fenet, t. X, p. 250.)
(2) Art. 468.
(3) Art. 477-478.
(4) Art. 160.

cette tutelle qu'autant qu'il peut invoquer une excuse légale (1). L'hypothèque légale frappe ses biens ; il a, pour contrôler ses actes, un conseil de famille permanent et, à côté de lui, est placé un subrogé-tuteur, surveillant incommode et constant de sa gestion (2). Mais, à la différence du tuteur ordinaire, le père tuteur légitime, tant qu'il a la jouissance légale, est dispensé de vendre les meubles du mineur, s'il préfère les garder pour les remettre en nature ; le conseil de famille ne limite point les sommes qu'il pourra dépenser pour l'entretien du mineur et pour le gouvernement de ses intérêts ; l'obligation d'employer les revenus du mineur ne lui est point imposée ; il n'est point tenu de remettre au subrogé-tuteur des états de gestion ; il peut, aux termes de l'article 907, recevoir des libéralités de son enfant mineur, ou de son enfant, soit majeur, soit émancipé, auquel il n'a pas encore rendu ses comptes ; l'incapacité d'être tuteur résultant de la minorité n'est point faite pour lui, et avant de mourir il a la satisfaction de pouvoir nommer son successeur à la tutelle (3).

Lorsque la mort a privé l'enfant de son père, la mère survivante est, comme le père, investie de plein de droit de la tutelle ; mais, tandis que le père est obligé, pour s'en démettre, de faire valoir une des excuses spécifiées par la loi, la mère peut la refuser purement et simplement sans énoncer le motif de son refus (4). Le législateur s'en rapporte à sa tendresse et lui demande seulement de remplir les devoirs de la tutelle jusqu'à ce qu'elle ait fait nommer un tuteur par le conseil de famille. Le défaut d'acceptation de la tutelle ne lui

(1) Art. 405.
(2) Art. 2121, 420.
(3) Art. 452, 453, 454, 455, 470, 907, 422, 397.
(4) Art. 390, 391.

8

laisse pas moins, en principe, l'exercice des droits de la puissance parternelle sur la personne de son enfant. Pour ce qui regarde le droit de famille, au point de vue déterminateur, comme le père marié ou veuf, elle dirige l'éducation et l'instruction des enfants, sans qu'aucune convention puisse limiter ses droits à cet égard ; elle nomme le tuteur testamentaire et émancipe l'enfant (1).

Quant au droit sanctionnateur, bien que la mère ne soit pas remariée, sa condition n'est plus semblable à celle du père. La mère n'a pas le droit de faire, de sa propre autorité, incarcérer l'enfant rebelle. Elle ne peut exercer le droit de correction que par voie de réquisition, que l'enfant ait ou n'ait pas un état ou de la fortune, et soit ou ne soit pas majeur de seize ans commencés. Ce n'est même pas tout, la loi exige, pour faire la réquisition, le *concours* et l'*assentiment* des deux plus proches parents paternels de l'enfant. La nature de la femme est, en effet, plus impressionnable que celle de l'homme, et la loi a protégé l'enfant contre une décision irréfléchie et précipitée (2).

En pratique, on admet que, à défaut de parents paternels, ceux-ci pourraient être utilement suppléés par des alliés ou des amis, d'après les règles établies pour la formation des conseils de famille (3). Comment admettre, en effet, que, par le seul fait d'inexistence de parents paternels, la femme prenne le plein exercice du droit de correction sans contrôle (4) ou en soit entièrement privée (5)?

(1) Art. 108, 203, 371, 372, 374, 397, 477, 478, 1388.
(2) Art. 381 ; *ajout.* art. 468, si la mère est tutrice.
(3) Art. 409 ; Zach.; Val.; Demol.
(4) Duc.; Bonn.; Roust.
(5) Sauf l'emploi de l'art. 468, si elle est tutrice (Proudh.).

Exercé avec le concours des deux plus proches parents paternels, le droit de correction reste, à tout autre égard, soumis aux règles qui déterminent le droit exercé par voie de réquisition par le père. Ainsi, le droit d'appel, le droit de grâce, la procédure, les frais restent les mêmes. Cependant, quelques auteurs refusent entièrement à la mère *le droit de grâce* (1), ou ne le lui accordent qu'avec le concours de parents paternels (2). Mais le droit de grâce est essentiel à la puissance paternelle ; aucun texte ne l'enlève à la mère, et comment conçoit-on que les parents puissent *pardonner* (3)?

Lorsque la mère veuve s'est remariée, sa condition est la même, quant au droit de famille déterminateur, que si elle était restée veuve, sauf cependant en ce qui concerne la nomination du tuteur testamentaire. La mère remariée et non maintenue dans la tutelle des enfants de son premier mariage, ne peut leur choisir un tuteur, et lorsque maintenue dans la tutelle après son nouveau mariage, elle aura fait choix d'un tuteur à ses enfants du lit précédent, ce choix ne sera valable qu'autant qu'il sera confirmé par le conseil de famille (4).

Quant au droit sanctionnateur, amoindri entre les mains de la femme, il est anéanti lorsque la mère veuve s'est remariée. Cela résulte, par *à contrario*, des termes de l'article 381. La femme perd complétement le droit de correction par un second mariage, et ne le recouvre pas dans un veuvage nouveau.

Il faut encore, pour le droit d'usufruit légal, se demander

(1) Proudhon.
(2) Marcadé.
(3) Mourlon ; Val.; Demol.
(4) Art. 399-400.

si la femme veuve est remariée ou si elle ne s'est pas remariée. Si elle ne s'est pas remariée, la veuve prend l'usufruit tel que l'avait le père ; si cette veuve se remarie, l'usufruit paternel *cesse* et ne renaîtrait pas avec un second veuvage. La loi a craint, pour les enfants du premier lit, l'influence des nouvelles affections de la mère (1).

Comme le père, la mère survivante est tutrice légale de son enfant incapable de gérer ses intérêts personnels. Cette tutelle est calquée sur celle du père ; toutefois, il faut signaler, entre la tutelle du père survivant et la tutelle de la mère veuve, certaines différences :

1° L'étendue de la tutelle peut être diminuée pour la veuve non remariée par la dernière volonté du père. Le père prémourant, en effet, qui ne pourrait modifier l'exercice de la puissance maternelle, a le pouvoir de nommer à sa femme survivante et tutrice un conseil spécial, sans l'avis duquel elle ne pourra faire aucun acte relatif à la tutelle ou certains actes seulement spécifiés par le mari. Le droit de nommer un conseil à la femme veuve et tutrice appartient exclusivement au père (2).

2° Qu'il se remarie ou reste veuf, le père conserve la tutelle de son enfant. La mère tutrice, qui veut se remarier, *doit*, avant l'acte de mariage, convoquer le conseil de famille qui décidera si la tutelle lui sera conservée. La loi redoute la cupidité du second mari. Cependant, il est possible que la femme ait l'invention de donner en se remariant un protecteur utile à ses enfants. Aussi le conseil de famille est-il chargé d'examiner les causes du second mariage et d'en apprécier la moralité. C'est un devoir pour la mère de con-

(1) Art. 384, 386.
(2) Art. 391.

sulter le conseil ; n'en a-t-elle tenu aucun compte : elle perd la tutelle de plein droit, et, si elle en continue les actes, elle reste responsable comme tutrice, et son nouveau mari est rendu responsable solidairement avec elle de toutes les conséquences de la faute commise par sa femme ; le conseil de famille est-il dûment convoqué : de deux choses l'une, ou il nomme un tuteur datif, ou il conserve la tutelle à la mère. Conserve-t-il la tutelle à la mère, il doit lui donner son mari pour co-tuteur solidaire. Celui-ci, en fait, s'immisce toujours, au moins par ses conseils, dans l'administration de la mère. Ce co-tuteur reste soumis à toutes les charges d'un tuteur, notamment à l'hypothèque légale. Ces deux tutelles sont indivisibles : si le mari cesse d'être co-tuteur par l'effet d'une destitution ou par suite de l'admission d'une excuse, la femme cessera d'être tutrice ; de même, la co-tutelle du mari finit avec la tutelle de la mère, lorsque celle-ci vient à décéder ou lorsque, pour une cause quelconque, sa tutelle s'évanouit. C'est pourquoi nous voyons la mère remariée et maintenue dans la tutelle, ayant le droit de nommer par testament, sous la réserve de la ratification de la famille, le tuteur qui la remplacera (1).

SECTION QUATRIÈME.

Des causes extinctives ou modificatives des droits et obligations
des père et mère relatifs à la direction de la personne
et de la fortune de l'enfant mineur.

En premier lieu, c'est la mort qui détruit la puissance paternelle. C'est ensuite la majorité ou l'émancipation de

(1) Art. 395-396, 399-400, C. N.

l'enfant qui la fait disparaître : les premiers devoirs de la paternité sont accomplis. Cependant, le droit au respect et le droit d'être *consulté* pour le mariage ne s'éteignent qu'avec la vie (1), et même parmi les attributs *temporaires* du pouvoir domestique, il en est un qui dure au-delà de la majorité, je veux dire le droit de *consentir* au mariage du fils ou à l'adoption des fils et filles mineurs de vingt-cinq ans (2).

Avant la majorité de vingt-un ans, la puissance paternelle rencontre des causes d'extinction partielle : ce sont les majorités de quinze, dix-huit et vingt ans (3).

Le second mariage de la mère lui fait perdre le droit de correction et le droit de nommer un tuteur testamentaire. Le second mariage ne fait qu'enlever au père une partie du droit sanctionnateur.

Lorsque certains droits de puissance sont atteints en particulier, la puissance paternelle n'est pas détruite en totalité et les autres prérogatives sont conservées intactes. Au lieu d'étendre la privation, il faut, au contraire, de la privation d'un droit conclure à la conservation des autres.

La puissance paternelle se trouve encore anéantie, lorsque les père et mère ont été reconnus indignes de remplir leurs devoirs envers l'enfant. Un seul texte, l'article 335 du Code pénal, prononce cette déchéance de la puissance paternelle, quand le père, ou la mère, est condamné pour avoir excité, favorisé ou facilité la prostitution ou la corruption de son enfant. La privation de puissance, dans ce cas, a lieu de plein droit : elle est la conséquence nécessaire et inévitable

(1) Art. 371, 151.
(2) Art. 148, 346.
(3) Art. 377, 384 ; L. 21 mars 1832, art. 32-5°.

de la condamnation, c'est-à-dire qu'elle n'a pas besoin d'être spécialement prononcée par le juge. Mais cette déchéance, à cause de son caractère pénal, ne peut s'appliquer que vis-à-vis l'enfant qu'on a voulu corrompre, et ne doit pas être étendue à l'égard des autres (1).

M. Valette paraît enseigner que cette déchéance est absolue; mais M. Demolombe, tout en étant porté à accepter cette décision, pense que l'article 335, C. P., qui retire au père ou à la mère les droits et avantages qui leur sont attribues sur la personne et les biens de l'enfant au titre IX, *de la puissance paternelle*, ne doit pas être étendu, parce que c'est une loi pénale, et ne détruit pas les droits accordés aux père et mère dans le titre V, *du mariage*, dans le titre VIII, *de l'adoption*, et dans le titre X, *de la minorité, de la tutelle et de l'émancipation*.

Cette déchéance, nous paraissant absolue, nous dirons que, si c'est le père qui se trouve atteint par l'article 335 , C. P., la mère est investie et de l'exercice et du droit de la puissance paternelle; que, si c'est la mère qui est frappée, le père reste dans son premier état.

Dans le cas où le droit de puissance serait retiré aux deux conjoints ou au survivant, le tribunal devra désigner une maison tierce où l'enfant sera élevé, et lui donnera pour ses biens un administrateur judiciaire.

La puissance paternelle étant attribuée par la loi elle-même aux père et mère, c'est à la loi seule qu'il appartient de la leur retirer. Or, l'article 335 du Code pénal étant la seule loi qui destitue les père et mère de leur autorité, les tribunaux n'ont pas le droit de prononcer contre eux cette

(1) *Contrà*, Duranton.

déchéance (1). Toutefois, les tribunaux ont, quant à la puissance paternelle, un pouvoir réglementaire et de haute surveillance. Les père et mère exercent leur autorité sous ce contrôle supérieur (2). Aucun texte, il est vrai, ne donne ce pouvoir à la magistrature ; mais il est certain que les rédacteurs du Code civil devaient, par un texte spécial, soumettre à ce contrôle l'exercice de la puissance paternelle. Malheureusement, le projet a été ajourné, parce qu'on ne voulait pas s'occuper d'abord *des détails et des questions isolées*, et il a été perdu de vue (3). Du reste, l'article 444, qui enlève la garde du mineur à un tuteur étranger, au père tuteur ou à la mère tutrice, ne doit-il pas être étendu, par analogie, et appliqué directement pendant le mariage contre le père par le tribunal, car le conseil de famille, ne fonctionnant pas, ne pourrait prendre aucune décision. En définitive, ce droit est fondé sur l'intérêt public, la nécessité, et doit avoir pour limite cette nécessité même qui en est la cause (4).

Ne faut-il pas appliquer à *fortiori* les articles 267 et 302, lorsque le domicile paternel sera un séjour de violences et de mauvais traitements, quand l'enfant n'y recevra pas d'éducation, y manquera de nourriture ou n'y rencontrera que de mauvais exemples, ou quand, par suite de l'application de l'article 335 du Code pénal, il restera d'autres enfants à protéger?

Les tribunaux pourront donc, suivant les circonstances, suspendre, modifier l'exercice de certains attributs de la puissance paternelle, donner la garde et l'éducation de l'en-

(1) *Comp.* Vazeille, *Du mariage*, t. II, n° 431.
(2) Oudot, *Droit de famille.*
(3) Locré, t. VII, p. 11.
(4) Demolombe.

fant, confier l'administration de ses biens à celui des époux qui le mérite encore ou à une tierce personne.

L'usufruit paternel trouve une cause particulière d'extinction dans la majorité de dix-huit ans, dans le second mariage de la mère et dans le défaut d'inventaire de l'article 1442. Mais quand cet usufruit légal est perdu par la renonciation, par la jouissance abusive du père, ou a manqué de prendre naissance, parce que ce père a été déclaré indigne d'hériter des biens dévolus au fils, ou parce que telle a été la volonté du disposant, le droit de la mère ne peut-il pas apparaître pour remplacer celui de son conjoint? Non; mais comme les actes de son mari ne sauraient lui préjudicier et altérer son droit, lorsqu'elle exercera de droit et de fait le pouvoir domestique, elle aura la jouissance légale qui lui est attachée.

L'administration légale a-t-elle aussi, comme la tutelle, des modes particuliers de cessation?

Comme il n'y a pas de conseil de famille tant que dure cette administration légale, ni les excuses *a suscipiendiâ tutelâ*, ni les excuses *a susceptâ tutelâ*, ne lui sont applicables, pas plus que l'incapacité résultant de l'opposition des intérêts (1). Elle serait anéantie par l'interdiction.

Quant à l'inconduite notoire, et quant à l'incapacité ou l'infidélité démontrée par une gestion actuelle ou antérieure, elles ne l'atteignent pas comme la tutelle. La tutelle et l'administration légale sont deux choses différentes; du reste, y eut-il, en tous points, la même raison de retirer l'administration au père, comme on la retire au tuteur, le silence de

(1) *Contrà,* M. Valette, *sur Proud.*

la loi suffit pour faire adopter cette solution (1). L'article 446 est inapplicable en l'espèce, car il n'y a point de conseil de famille : l'article 389 a été, en effet, créé pour soustraire le père administrateur à la dépendance d'un conseil de famille. Cependant, comme le père administrateur a reçu le mandat légal d'administrer en bon père de famille, honnêtement, nous admettons, sans hésitation, que les tribunaux, auxquels la nécessité donne un pouvoir supérieur réglementaire de la puissance paternelle, peuvent prendre les mesures de garantie et de protection qu'ils croiront nécessaires dans l'intérêt des mineurs, dont les biens sont compromis par l'administration du père ou de la mère.

Il nous reste à examiner les effets, quant à la puissance paternelle, de l'absence, de la démence et de la séparation de corps.

La présomption d'absence, comme l'interdiction, suspend seulement l'exercice de la puissance paternelle. La déclaration d'absence en suspend la jouissance.

Pendant la période de *présomption d'absence de la mère,* le père conserve ses droits. La tutelle légitime ne s'ouvre pas. Mais lors de la *déclaration d'absence de la mère,* il y aura ouverture de la tutelle légitime du père, laquelle sera provisoire, et tombera par le retour de la mère absente.

Pendant la période de *présomption d'absence du père,* la mère *exerce* les droits du mari. Point de tutelle. Quant au droit de correction, il est évident qu'elle ne peut l'exercer que par réquisition, et quand à l'usufruit légal, nous savons qu'elle l'exerce au nom et pour le compte du mari.

Après la *déclaration d'absence du mari,* la mère, qui avait

(1) *Contrà,* Marc.; Val.; Demol.

l'exercice de la puissance paternelle, est investie *du droit*, et il y a ouverture de la tutelle, avec subrogé-tuteur et hypothèque légale.

Si *les deux époux*, ou *le survivant*, sont *en état d'absence* (1), pendant les six premiers mois, on suivra les mesures prises par le tribunal dans l'intérêt des enfants, et ensuite la surveillance des enfants sera confiée aux ascendants les plus proches et, à leur défaut, on ouvrira une tutelle provisoire.

L'*interdiction de la mère*, par suite de son état de démence, ne change en rien les pouvoirs du père qui reste administrateur. Il ne peut, en effet, y avoir tutelle tant que le mariage n'est pas dissous.

Si c'est *le père* que nous supposons en démence, le gouvernement de la personne et l'administration des biens du mineur passent à la mère qui *exerce* la puissance paternelle au nom du père, mais dans les limites du pouvoir maternel.

Si *les deux époux* sont en démence, les tribunaux nommeront un administrateur judiciaire.

Si *le survivant* est en démence, comme il était tuteur, il sera déchu de la tutelle légitime et remplacé par un tuteur ordinaire.

En principe, la demande en séparation de corps n'altère pas les droits du père. Pendant l'instance, la garde provisoire des enfants reste au mari demandeur ou défendeur, à moins qu'il n'en soit autrement ordonné par le *tribunal* sur la demande de la mère, des parents ou du ministère public, si l'intérêt des enfants l'exige (2). Le tribunal peut donc confier les enfants à la mère, quand même elle

(1) Art. 142.
(2) Art. 267.

n'aurait pas de fortune personnelle. Il pourrait aussi les placer sous la surveillance d'un tiers. Dans tous les cas , le tribunal , pour le plus grand avantage des enfants, conserve le droit de revenir sur sa décision.

Lorsque la séparation est prononcée, le père conserve la puissance paternelle (1), mais la force des choses modifie le principe. Les enfants, dit l'article 302, seront confiés à l'époux qui a obtenu le *divorce*, à moins que le tribunal, sur la demande de la famille ou du ministère public, n'ordonne, pour le plus grand avantage des enfants, que tous ou quelques-uns d'eux seront confiés aux soins soit de l'autre époux soit d'une autre personne. Ces dispositions sont applicables à la séparation de corps, car les motifs sont les mêmes, aussi la jurisprudence est constante à cet égard et n'a jamais varié.

Mais il peut arriver que la séparation soit prononcée contre les deux époux tous. deux coupables. La pratique admet que les tribunaux puissent faire alors ce qui leur sera inspiré selon les circonstances.

Après la séparation prononcée contre lui, le père, privé de la garde et de l'éducation de ses enfants, conserve intacts ses autres droits de puissance.

De ce que la garde de l'enfant et son éducation sont confiés à la mère ou à une tierce personne, il n'en résulte pas, puisque le mariage n'est pas dissous, qu'il y ait ouverture de la tutelle.

____

(1) Art. 373.

CHAPITRE DEUXIÈME.

Enfants considérés comme légitimes.

Le mariage qui a été déclaré nul, produit néanmoins les effets civils, tant à l'égard des époux qu'à l'égard des enfants, lorsqu'il a été contracté de bonne foi. Si la bonne foi n'existe que de la part de l'un des deux époux, le mariage ne produit les effets civils qu'en faveur de cet époux et des enfants issus du mariage.

Ainsi, tant que le mariage n'est pas annulé, si les époux sont tous les deux de bonne foi, il faut les considérer comme légitimes ; si tous les deux étaient de mauvaise foi : assimilation à la famille illégitime.

L'un des deux seulement est-il de bonne foi, c'est à celui-là seul et aux enfants qu'il faut appliquer les règles de la légitimité.

La nullité du mariage est-elle prononcée, l'époux de bonne foi est regardé comme légitime, celui de mauvaise foi reste parent illégitime (1).

______

(1) Art. 201-202.

CHAPITRE TROISIÈME.

Enfants légitimés.

Les enfants *légitimés* par le mariage subséquent *auront les mêmes droits que s'ils étaient nés de ce mariage* (1). Nous nous trouvons donc dorénavant, en présence d'une famille légitime. Mais la légitimation ne rétroagit ni au jour de la conception ni à celui de la naissance de l'enfant: d'où il résulte que l'usufruit sur les biens que pouvait avoir l'enfant antérieurement au mariage subséquent de ses père et mère, n'a pris naissance qu'au jour de sa légitimation, sans pouvoir être reporté en arrière; que si son père était tuteur datif avant le mariage, l'hypothèque légale qui grevait ses immeubles ne cesse pas d'avoir existé pour les faits de gestion antérieure, quoiqu'elle soit éteinte par la légitimation.

CHAPITRE QUATRIÈME.

Enfant confié à un tuteur officieux.

La tutelle officieuse est un contrat par lequel une personne bienfaisante qui veut s'attacher, par un titre légal, un enfant mineur qui ne lui appartient pas, prend l'engagement d'administrer gratuitement sa personne et ses biens, de l'élever et de le mettre en état de gagner sa vie (2).

(1) Art. 333.
(2) Art. 301.

Cette institution est d'une application si rare que M. Duranton a pu dire d'elle qu'elle était dans nos lois *comme un objet de luxe.*

Le soin de l'éducation et de l'instruction passe au tuteur officieux. La garde de l'enfant lui appartient (1). Quant au droit de correction, il est conservé par le père ou la mère survivante. Le droit de consentir au mariage, au choix d'une profession religieuse, militaire, commerciale ; le droit d'émancipation, sont restés entre les mains des père et mère. Le tuteur officieux doit administrer les biens du pupille (2), mais l'usufruit de la fortune de l'enfant ne passe pas au tuteur, et même, comme le père et la mère n'en sont privés par aucun texte, ils le conservent. En effet l'usufruit légal est plutôt rémunératoire que compensatoire.

CHAPITRE CINQUIÈME.

Enfants illégitimes.

SECTION PREMIÈRE.

Enfants naturels reconnus.

L'enfant naturel, comme l'enfant légitime, a le droit d'être élevé par ses parents. A défaut de l'article 203 ou de toute autre disposition législative, les articles 1382 et 1383 suffiraient, à eux seuls, pour obliger au devoir sacré de l'éduca-

(1) Art. 304.
(2) Art. 305.

tion les père et mère naturels responsables de la faute qu'ils ont commise.

L'article 383, le seul qui ait rapport au droit de l'enfant naturel, mentionne, comme lui étant communs avec les enfants légitimes, les articles 376, 377, 378 et 379 relatifs au droit de correction. Mais si les parents naturels ont le droit de correction, comment cela serait-il possible s'ils n'avaient aussi le devoir de nourrir et entretenir leurs enfants et de diriger leur éducation? A quoi servirait le droit de corriger, sans le devoir et le droit d'élever l'enfant? A quelle époque finirait ce droit de correction, si l'article 372 ne leur était pas applicable? Sans le droit de garde, le droit d'éducation ne serait-il pas incomplet? Tout s'enchaîne en cette matière.

Mais qui sera chargé de la direction de l'enfant naturel? Au cas de reconnaissance, soit du père, soit de la mère seulement, celui des deux auteurs qui l'aura reconnu exercera le droit d'éducation. Au cas de reconnaissance par le père et la mère, le soin de l'enfant devra en principe appartenir au père. N'est-ce pas lui qui donnera à l'enfant son nom, sa nationalité? L'article 153 du Code Napoléon, qui renvoie à l'article 148, ne donne-t-il pas voix prépondérante au père pour décider du mariage de l'enfant (1)? Cela suffit pour donner au père la prééminence.

Les frais d'entretien et d'éducation seront supportés par les père et mère naturels, selon leur fortune respective et selon celle de leur enfant.

L'enfant aura son domicile et sa résidence chez son père ou chez celui des père et mère qui l'aura reconnu et qui sera en conséquence responsable des dommages causés par

(1) *Ajout.* art. 477, C. N.

son fils mineur habitant avec lui. Mais, à vingt ans, l'enfant pourra se soustraire au droit de garde par un enrôlement volontaire.

Le droit de correction, avec le droit de pardonner, appartiendra à celui des père et mère qui aura les droits d'éducation et de garde, et s'exercera sur l'enfant, tantôt par voie de réquisition, tantôt par voie d'autorité, conformément aux articles 376, 377, 378 et 379. Quant aux autres principes qui régissent le droit de correction sur les enfants légitimes, nous les appliquerons encore aux enfants naturels reconnus, car les articles 380, 381 et 382 qui règlent aussi ce droit sanctionnateur renvoient, chacun expressément, à l'article 377, dont ils sont le complément. Par conséquent, si le père naturel se marie avec une femme autre que la mère de son enfant, il sera tenu, pour faire détenir cet enfant, lors même qu'il serait âgé de moins de quinze ans accomplis, d'agir par voie de réquisition ; la mère qui épouse un homme autre que le père de son enfant naturel, perd le droit de correction ; la mère qui ne se sera pas mariée, ne pourra jamais agir que par la voie de la réquisition ; si le père, après avoir reconnu l'enfant, était mort ou s'était vu retirer le droit d'éducation, la mère devrait en outre ne pas agir sans le concours de deux amis du père de l'enfant : il lui est impossible, en effet, d'appeler des parents paternels, l'enfant naturel n'en a pas ; mais si le père est inconnu, forcément la mère agira seule ; et lorsque l'enfant aura des biens personnels, ou exercera un état, sa détention ne pourra, même au-dessous de quinze ans, avoir lieu que par voie de réquisition.

Mais, en définitive, pour ce qui concerne la garde, l'éducation et la correction de l'enfant naturel, les tribunaux doivent avoir un pouvoir réglementaire plus grand encore que lorsqu'il s'agit des enfants légitimes. L'équité, l'intérêt de l'enfant et de la société réclament plus fortement cette intervention protectrice. Le silence du Code Napoléon augmente nécessairement le pouvoir de haute surveillance des magistrats en cette matière.

Les père et mère d'un enfant naturel reconnu n'ont pas droit à l'usufruit légal dont parlent les articles 384 et suivants. L'article 384 est formel, l'usufruit appartient au père, *pendant le mariage*, et, *après la dissolution*, au survivant des père et mère.

Du moins, l'administration *légale* est-elle accordée au père naturel? Pas davantage. Le père n'est administrateur des biens de l'enfant que *pendant le mariage*.

Il en résulte que les biens des enfants naturels reconnus sont toujours placés sous le régime de l'administration *tutélaire*. La puissance paternelle n'existe jamais seule pour eux ; ils sont, dès leur naissance, à la fois en puissance et en tutelle.

Comme il y a tutelle, le mineur aura la garantie de l'hypothèque légale. Mais qui sera tuteur, chargé de le représenter, au point de vue pécuniaire? Sera-ce, de droit, le père ou la mère? Le silence de la loi a fait naître des doutes, mais on admet généralement aujourd'hui que la tutelle de l'enfant naturel est *dative*. D'ailleurs, composé d'amis de son père ou de sa mère, le conseil de famille devra considérer comme un devoir de les appeler à cette charge, toutes les fois que leur moralité ne devra pas les en faire éloigner.

Si, après avoir été nommée tutrice, la mère se marie avec un homme autre que le père de son enfant, il faudra lui appliquer les articles 395 et 396 du Code Napoléon.

Le père, ou la mère, pourra émanciper son enfant naturel,

non pas seulement comme un tuteur ordinaire, et à dix-huit ans, mais à quinze ans (1). Le père, ou la mère, en émancipant, fait un acte de puissance qui est en dehors de la compétence d'un conseil d'amis.

A côté de l'émancipation expresse, se place l'émancipation qui résulte du mariage. L'enfant naturel qui voudra se marier, devra, comme l'enfant légitime, se conformer aux articles 148 et 149 qui prescrivent le consentement des parents.

Quant à l'entrée dans les ordres, le décret du 18 février 1809 s'applique aux père et mère illégitimes.

Pour les cas d'empêchement de fait ou de droit d'exercer la puissance paternelle, l'absence ou la démence des père et mère naturels, la loi étant muette à cet égard, produisent nécessairement les mêmes effets que produirait leur mort naturelle.

La perte de la puissance paternelle, en vertu de l'article 335 du Code pénal, peut être infligée aux père et mère naturels, et les exclusions et destitutions de la tutelle leur sont aussi applicables.

SECTION DEUXIÈME.

Enfants incestueux ou adultérins.

Un enfant est incestueux, ou adultérin, quand les deux personnes dont il est issu ne pouvaient, au moment de sa conception, contracter une union légitime, soit à cause de

_____
(1) Art. 477-478.

leurs rapports de parenté ou d'alliance, soit à cause d'un mariage dans les liens duquel l'une d'elles ou même toutes les deux se trouvaient engagées avec une autre personne. Ces commerces criminels et scandaleux ont inspiré au législateur une aversion profonde. Il en a redouté les révélations honteuses. Mais, valait-il mieux, pour empêcher les liaisons coupables, frapper le père dans l'affection de son enfant ou le retenir par la crainte d'un scandale dévoilé? Quoiqu'il en soit, toute légitimation, toute reconnaisance, toute recherche de filiation est formellement interdite lorsqu'il s'agit d'un enfant adultérin ou incestueux.

Il est cependant certains cas où ces enfants voient leur filiation nécessairement et légalement constatée.

A leur égard, les devoirs de la paternité sont presque nuls. Leurs parents sont obligés seulement à ne pas les laisser mourir de faim. L'enfant adultérin ou incestueux a droit à des aliments du vivant de ses auteurs, et, après leur mort, sur les biens qu'ils ont laissés, et ces aliments sont réglés eu égard aux facultés du père ou de la mère, au nombre et à la qualité des héritiers légitimes (1).

Les père et mère adultérins ou incestueux peuvent assurer à cet enfant des aliments ou lui faire apprendre un art mécanique, et celui-ci ne pourra plus élever aucune réclamation contre la succession paternelle ou maternelle (2).

L'enfant incestueux, ou adultérin, n'a droit qu'à des aliments et sa position ne peut pas être améliorée par ses père et mère au moyen d'une donation entre-vifs ou testamentaire, et dans le cas même où ses père et mère, mourant in-

(1) Art. 762-763.
(2) Art. 761.

testats, ne laisseraient aucun autre héritier que lui, il ne pourrait toujours prétendre qu'à des aliments, et l'Etat recueillerait toute la succession (1).

L'enfant incestueux, ou adultérin, dont la filiation est légalement prouvée, prend le nom de son père, ou de sa mère, suivant que sa filiation est établie à l'égard de l'un ou de l'autre, et enfin il n'est soumis ni à la puissance paternelle ni à la tutelle légale.

TITRE DEUXIÈME.

De l'obligation pour les père et mère de reconnaître leurs enfants.
Preuve des rapports de filiation.

L'enfant, ayant le droit d'être élevé, a tout d'abord nécessairement le droit d'être reconnu. Le titre VII du livre Ier du Code Napoléon n'est donc que le corollaire de l'article 203 : la loi, à défaut de constatation volontaire, devait organiser des moyens judiciaires d'établir la filiation.

Mais le droit de l'enfant varie et les moyens de preuve diffèrent selon la filiation à établir. Les rédacteurs du Code n'ont reconnu absolument que le droit de l'enfant légitime.

(1) Art. 908.

S'il s'agit, au contraire, d'un enfant né hors mariage, cet enfant est rendu responsable de la faute des père et mère, et plus cette faute légale est grande, plus grande est la responbilité légale de l'enfant, et le droit de l'enfant et l'obligation des parents sont d'autant diminués. L'enfant naturel simple n'a pas le droit de se faire reconnaître par son père ; à l'égard de sa mère, il a, par exception et sous certaines restrictions, le droit à être reconnu. Mais s'il est adultérin ou incestueux, l'enfant né hors mariage n'a pas droit à la reconnaissance même volontaire de ses parents eux-mêmes (1).

Qu'est-ce que la filiation ?

La filiation, c'est le rapport que la procréation fait naître entre deux personnes nées l'une de l'autre. Cette relation, que la naissance établit entre le père, la mère et leur enfant, conserve le nom de filiation au point de vue de l'enfant, s'appelle paternité, quand on l'envisage à l'égard du père, et, par rapport à la mère, prend le nom de maternité. La filiation se compose donc de deux éléments, et ces idées de paternité, de maternité et de filiation sont corrélatives et inséparables. Par conséquent, la rubrique du titre VII, *de la paternité et de la filiation*, est mauvaise ; il eut fallu simplement dire : *de la filiation*, ou encore : *de la paternité et de la maternité*.

Les deux éléments de la filiation, la paternité et la maternité, se prouvent de façon très-différente. La maternité est d'ordinaire très-facile à prouver ; elle se révèle par des signes extérieurs, la grossesse et l'accouchement, dont la preuve est plus facile et plus sûre. Pour établir sa filiation à l'égard de sa mère, il suffit de prouver son identité avec l'enfant

(1) Art. 340, 341, 335, C. N.

dont elle est accouchée. Le plus souvent, la maternité est constatée dans un acte soit de naissance, soit de reconnaissance, mais quelquefois cependant cet acte fait complétement défaut; alors, le titre manquant, la loi a organisé les moyens de prouver la maternité. La paternité, elle, est plus difficile à prouver ; c'est qu'elle résulte d'un fait occulte et incertain. Si le père avoue sa paternité, cette reconnaissance suffit par rapport à lui, et c'est même le seul mode de preuve de la paternité naturelle. Quand il s'agit de filiation légitime, la reconnaissance de la paternité n'est pas exigée du père ; la paternité légitime est légalement présumée, on la prouve au moyen d'une probabilité, à laquelle la loi a donné la force d'une preuve invincible.

La loi se montre facile pour la constatation des filiations légitimes ; elle devient circonspecte en face d'une filiation naturelle ; elle montre son aversion pour les naissances adultérines et incestueuses, et repousse leur constatation. Cette dernière idée est formellement écrite dans les textes (1). Les deux autres résultent de l'ensemble des dispositions législatives sur la matière. Toutefois, ces trois idées comportent des restrictions, la dernière n'est pas aussi absolue qu'elle semble l'être, mais néanmoins elles dominent l'organisation des preuves des rapports de filiation tout entière et subsistent comme règles générales.

D'où viennent ces trois idées ? De deux considérations par lesquelles le législateur s'est laissé guider.

D'abord, c'est le caractère particulier de chacune de ces trois filiations différentes.

La paternité légitime est une charge, mais c'est un hon-

(1) Art. 335, 342, C. N.

neur. On ne dissimule pas ses enfants légitimes : leur naissance est rendue publique. Le fait d'une naissance légitime est facile à constater, simple doit donc en être le mode de constatation. Aussi la seule déclaration d'un tiers, dans certaines formes, suffît-elle pour établir la preuve de la filiation légitime. L'acte de naissance prouve le fait de la naissance, c'est son objet principal ; puis il contient une seconde déclaration, objet accessoire, qui suffît à l'établissement des rapports de filiation.

La filiation naturelle, à l'inverse, est un fait exceptionnel ; c'est la suite d'un égarement, d'une faute. Le plus souvent, on dissimule l'enfant naturel. L'imputation d'une filiation légitime n'est jamais ou presque jamais contraire à la vérité, tandis que l'imputation d'une filiation naturelle, pour un motif ou un autre, doit être beaucoup plus souvent mensongère. Le témoignage des déclarants est suspect à la loi, car il est à craindre que ceux-ci n'aient été trompés ou se soient entendus avec la mère et sa famille qui ont intérêt à tenir secrète une maternité honteuse. Aussi l'imputation d'une filiation légitime fait-elle preuve de la filiation, quand la constatation d'une filiation naturelle ne peut résulter que d'une reconnaissance individuelle (1).

Si la paternité légitime est un honneur, si la filiation naturelle est un fait exceptionnel, la naissance d'un enfant adultérin ou incestueux est un déshonneur. La loi voit avec la plus grande crainte la révélation d'un tel scandale. Et, cependant, quand il y a une filiation à constater, ce n'est pas de l'intérêt des parents dont il est question, et ici il y a la responsabilité légale d'une faute, d'un crime, que

(1) Art. 334-336.

celui-là seul qui est innocent ne devrait pas supporter tout entière.

Ensuite, ce sont les travaux préparatoires du législateur qui nous montrent que, dans sa pensée, il n'était pas nécessaire de constater une filiation naturelle, et qu'il serait dangereux de permettre la divulgation d'une naissance qui aurait sa source dans l'inceste ou l'adultère. Considération aussi fondée que la première.

CHAPITRE PREMIER.

Filiation légitime.

Quand la filiation sera-t-elle légitime ?

Le caractère constitutif de la légitimité est un peu indécis dans la loi. Les enfants conçus et nés pendant le mariage, ou conçus pendant le mariage et nés après la dissolution, sont légitimes ; mais les enfants conçus avant le mariage et nés durant l'association conjugale, naissent-ils *légitimes* ou seulement *légitimés* ? La légitimité résulte-t-elle du seul fait de la naissance pendant le mariage, ou doit-elle procéder du mariage des père et mère au moment de la conception ? La preuve de la légitimité se confond avec celle du mariage ; mais pour se dire légitime faut-il prouver le mariage de ses auteurs lors de la conception ; est-il, au contraire, suffisant de prouver leur mariage à l'époque de la naissance ?

Certainement, l'enfant conçu avant le mariage naît légitime en naissant pendant le mariage, et il reste légitime tant que le mari ne le désavoue pas. Certainement encore, si le mari le désavoue, cet enfant restera un enfant naturel simple. Mais enfin, cet enfant non désavoué par le mari est légitime et légitime depuis la célébration. Cette légitimité peut être expliquée de deux manières :

1° Les enfants naturels pouvant devenir légitimes après leur naissance, pourquoi n'admettrait-on pas aussi la légitimation pour ceux qui naissent après la célébration du mariage de leurs père et mère ? L'article 314, C. N., prévoit en effet un cas de légitimation qui ne diffère de la légitimation dont il est parlé dans l'article 331 qu'à un seul point de vue, car, d'après l'article 331, il faut que la reconnaissance de l'enfant, faite par les père et mère avant la célébration de leur mariage, soit faite par un acte authentique, tandis que, dans le cas de l'article 314, au contraire, cette reconnaissance, n'étant plus nécessairement expresse, est simplement tacite.

2° L'enfant conçu avant et né pendant le mariage naît légitime par la volonté de la loi.

La question est vivement controversée.

Supposons un homme veuf se remariant deux mois après la dissolution de son premier mariage. La femme qu'il épouse est enceinte et accouche quatre mois après la célébration. L'enfant est-il légitime ? Oui, si la légitimité résulte du seul fait de la naissance en mariage, et il reste légitime tant que le mari ne le désavoue pas ; non, si l'enfant naît légitimé, l'article 331 s'opposant alors formellement à la légitimation, l'enfant est et reste adultérin (1).

____

(1) V. deux arrêts de cass., ch. civ., 28 juin 1869, D. P., 69, I, 335. Dans deux hypothèses semblables, la cour suprême se prononce contre la légitimité.

Deux personnes parentes ou alliées au degré prohibé obtiennent des dispenses et contractent mariage. Puis la femme accouche, mais moins de cent quatre-vingts jours après la célébration du mariage. L'enfant naît-il légitime, il conservera cette qualité, si le mari ne le désavoue pas. Devrait-il naître légitimé, conçu incestueusement, il est et restera incestueux (1).

Faisons une dernière hypothèse : supposons qu'un individu épouse une femme enceinte et que l'enfant naisse moins de cent quatre-vingts jours après le mariage. Le mari peut désavouer l'enfant, mais les autres intéressés peuvent-ils contester la légitimité de l'enfant? Oui, si l'enfant naît légitimé, car admis à repousser une reconnaissance formelle, ils doivent pouvoir attaquer cette reconnaissance implicite et tacite ; non, si l'enfant est vraiment légitime, et, dans ce cas, le mari seul pourrait contester la légitimité au moyen de l'action en désaveu (2).

On voit l'intérêt de la question.

Les partisans du système de la légitimité invoquent les articles 314 et 331, mais ces articles viennent en aide également au système de la légitimation. Les partisans de la première opinion citent encore la rubrique du chapitre Ier du

(1) La jurisprudence décide que cet enfant, *incestueux* lors de sa conception, naît *légitimé* par le mariage subséquent de ses auteurs, ce qui est illogique et contradictoire avec les arrêts remarquables du 28 juin 1860. Cela tient à ce que la cour de cass. admet, au mépris formel de l'art. 331, que l'enfant *conçu* et *né* hors mariage peut toujours, même si ses père et mère sont parents à un degré prohibé, être légitimé par leur mariage subséquent.

(2) V. arrêt de cass., ch. req., 28 déc. 1860, contradictoire avec les arrêts du 28 juin de la même année, et, en sens contraire, dissertation de M. Ch. Beudant, D. P., 70, I, 145.

titre VII et les travaux préparatoires du Code ; mais ceux de la seconde opinion répondent que les articles seuls du Code ont été mis en discussion, et que c'est la commission de rédaction qui a groupé les articles en composant elle-même les rubriques, ce qui est certain. Quant aux travaux préparatoires, ils sont rien moins que concluants.

Il faut s'en tenir à la théorie rationnelle, puisqu'on ne peut dans la loi y découvrir sa pensée. Donc, ce qui constitue la filiation, c'est la conception, car dès ce moment l'existence de l'enfant est indépendante de celle du père. De l'aveu même de ceux qui croient que l'enfant conçu avant et né pendant le mariage naît légitime, la légitimité ne daterait que du mariage, et c'est là justement ce qui constitue la différence qui sépare la légitimité de la légitimation (1).

Voilà pour les naissances anticipées dont s'occupe l'article 314. Passons maintenant aux naissances tardives dont traite l'article 315.

Cet article 315 n'est que le corollaire de l'idée que la légitimité naît au moment de la conception, laquelle constitue véritablement la filiation.

Pour les enfants qui naissent après le mariage, mais moins de trois cents jours après sa dissolution, d'après la présomption relative à la gestation la plus longue, ces enfants appartiennent à la classe des enfants conçus pendant le mariage ; ils sont donc parfaitement légitimes. Cela est vrai en principe ; toutefois, les présomptions de la loi ne doivent jamais être admises d'une façon absolue, mais seulement

____

(1) Proudhon; Marcadé; *Contrá,* Valette; Demol.; pour MM. Aubry et Rau, cet enfant conçu et né avant le mariage est un enfant légitime d'un ordre à part.

sous cette réserve que les faits qui « revêtent une foule d'aspects divers » ne viendront pas prouver tout le contraire. Nous le verrons clairement en parcourant quelques hypothèses.

Une femme accouche quelques jours après la mort de son mari; sans aucun doute, l'enfant est légitime. Maintenant si cette même femme, qui vient de mettre un enfant au monde, accouchait de nouveau et moins de trois cents jours après la dissolution de son mariage, appliquerions-nous à ce second mariage l'article 312? Ce serait monstrueux.

Autre espèce : une femme veuve se remarie, malgré l'empêchement prohibitif indiqué dans l'article 228, peu de temps après la mort de son premier mari. Ici encore le doute peut n'être pas possible. Si elle accouche dans les cent quatrevingts jours qui ont suivi la dissolutiou du premier mariage, l'enfant sera du premier lit. Il sera, à l'inverse, le fils du second mari, si sa mère accouche plus de trois cents jours après la mort du premier. *Quid juris* à présent, si cette femme accouche dans l'espace de temps compris entre le cent quatre-vingtième et le trois centième jour depuis la dissolution de son premier mariage? Quel sera le père de l'enfant? Cette difficulté est célèbre. Les uns ont prétendu que l'enfant n'aurait pour père ni l'un ni l'autre des deux maris ; d'autres, que l'enfant les aurait tous les deux pour pères; d'autres, enfin, que l'enfant choisirait entre les deux, selon son intérêt. La vérité est que cette question est en droit absolument insoluble et que les tribunaux peuvent la résoudre en fait, libres d'attribuer la paternité au premier ou au dernier mari (1).

(1) Val.; Dur.; Zach.; pour M. Demolombe, l'enfant appartient au second mari, et pour M. R'chefort (t. I, p. 8-23) au premier mariage.

L'enfant qui naît plus de trois cents jours après la dissolution du mariage est un enfant naturel : sa conception a eu lieu en effet hors mariage. Cette conséquence forcée a cependant été mise en doute, parce que l'article 315 dit que sa légitimité « *pourra* être contestée. » Seulement, il est vrai que si cet enfant, né plus de trois cents jours après le mariage dissous, a été inscrit comme enfant du mari prédécédé, et que personne ne réclame contre cet état de choses, il gardera le titre et la qualité d'enfant légitime (1).

Ainsi, et nous pouvons dès à présent poser le principe, l'enfant légitime proprement dit, c'est celui qui a été conçu pendant le mariage de ses père et mère.

Toutefois, comme nous savons que l'enfant conçu avant le mariage et né après la célébration reste légitime si le mari ne le désavoue pas, nous pouvons, d'une manière plus complète, dire que celui qui prétend tirer son origine d'une source légitime doit faire preuve :

1° Du mariage de ses prétendus père et mère ;

2° De sa conception ou de sa naissance pendant leur mariage ;

3° De sa filiation maternelle, c'est-à-dire de l'accouchement de la femme dont il se dit issu, et de son identité avec l'enfant dont elle est accouchée ;

4° De sa filiation paternelle, c'est-à-dire établir qu'il est né des œuvres du mari de sa mère.

---

(1) On a quelquefois jugé (quatre arrêts de cours impériales) que la naissance pourrait avoir lieu plus de trois cents jours après la mort du mari, mais c'est démolir tout l'échafaudage du Code Napoléon en cette matière. — *Conf.*, Demol.; Val.; Aubry et Rau; Proudh.; Marc.; Duc. Bonn. et Roust.; *Contrà*, Merlin, *Rép.*, t. VII, v° *légitimité*.

SECTION PREMIÈRE.

Preuve du mariage.

Tout d'abord, l'enfant doit prouver le mariage de ses prétendus parents. La preuve de la filiation est, en effet, plus ou moins difficile, selon qu'elle est naturelle ou légitime, et tel mode de preuve admis dans un cas ne l'est plus dans l'autre.

La loi reconnaît à l'enfant quatre manières de prouver le mariage de ses père et mère :

1° Preuve par l'acte de célébration inscrit dans ce but sur les registres de l'état civil (1). C'est la preuve de droit commun, les trois autres moyens de preuve sont exceptionnels.

2° Preuve tant par titres et papiers domestiques que par témoins (2). Lorsqu'il n'aura pas existé de registres, lorsque la tenue de ces registres aura été interrompue, ou lorsqu'ils auront été perdus ou détruits, l'enfant qui prétend que l'acte de célébration du mariage qui le concerne ne peut être par lui représenté, doit préalablement établir, tant *par titres* que *par témoins*, ce fait soit d'une lacune, soit de l'inexistence, soit de la perte *fortuite* totale ou partielle des registres, qui rend admissible la preuve exceptionnelle du mariage dont il réclame le bénéfice.

Cette preuve une fois faite de la non-existence ou de la

1) Art. 194, C. N.
(2) Art. 46, C. N.

perte fortuite de l'acte du mariage, le mariage lui-même *pourra être* prouvé, *tant* par les registres et papiers domestiques émanés des père et mère ou de toute autre personne parente ou non, *que* par témoins, avec ou sans commencement de preuve par écrit, ou par de simples présomptions (1).

3° Preuve par l'arrêt ou le jugement de condamnation, rendu, *au criminel*, contre l'officier de l'état civil ou toute autre personne reconnue coupable d'avoir falsifié ou détruit l'acte de célébration du mariage, ou rendu contre leurs héritiers (2). Il peut arriver, en effet, qu'un acte de mariage soit mis hors d'état de faire preuve, parce qu'il a été criminellement détruit ou falsifié (3). Dans ce cas, la loi admet les intéressés à faire preuve du fait dont ils se plaignent, et le jugement de condamnation obtenu est inscrit sur les registres des actes de l'état civil, tient lieu de l'acte de célébration et comme lui fait preuve complète du mariage.

4° Preuve par la possession d'état d'enfants légitimes jointe à la possession d'état d'époux légitimes des père et mère décédés, et non contredite par l'acte de naissance.

Les enfants qui sont dans l'impossibilité de représenter l'acte de célébration du mariage de leurs père et mère reçoivent de la loi, par faveur et exceptionnellement, comme dernier moyen de preuve, la possession d'état. Mais il faut essentiellement : 1° que les père et mère soient l'un et l'autre décédés ; 2° que ces père et mère aient eu la possession d'état d'époux légitimes ; 3° que les enfants soient eux-mêmes en possession d'état d'enfants légitimes ; 4° et enfin que cette

(1) Art. 46, 1353.
(2) Art. 198, 199, 200.
(3) Art. 145, 146, 147, 173, C. P.

possession d'état des enfants ne soit pas contredite par l'acte de naissance qu'on viendrait leur opposer.

Comme parmi ces quatre conditions essentielles à l'emploi de la possession d'état comme moyen de preuve figure le décès des père et mère, nous passons rapidement. Nous remarquerons cependant que la jurisprudence assimile avec raison au cas de décès des père et mère celui de leur absence, démence, etc. Toutefois, il ne faudrait pas aller trop loin dans cette voie, car on arriverait à donner aux enfants, aidés de la collusion des parents, un moyen trop facile de se faire attribuer après coup la qualité d'enfants légitimes (1).

SECTION DEUXIÈME.

Preuve de la date de la conception.

La date de la conception est ensuite le point essentiel à établir. C'est par là en effet que l'enfant prouvera qu'il a été conçu pendant le mariage de sa mère. Cette preuve serait facile si la durée de la grossesse était la même chez toutes les femmes, mais les gestations sont, les unes précoces, les autres tardives. Il est impossible de déterminer le moment précis de la conception. Elle résulte d'un fait qui la rend possible, mais qui ne la rend jamais certaine. Elle se révèle par ses

---

(1) En ce sens, le 24 juillet 1826, la Cour de Toulouse a jugé que la dispense de représenter l'acte de célébration du mariage ne pouvait être étendue au cas où l'un des deux auteurs survivant résiste à la prétention de l'enfant et nie le fait du mariage. (S., 27, II, 224.) — *Conf.*, Demol. et Val.

10

suites, mais jamais par elle-même. Ni le père ni la mère, et à plus forte raison les tiers, ne peuvent dire ni surtout prouver quand elle a eu lieu. Sa date ne peut être déterminée que très- approximativement et seulement après la naissance.

Le Code, d'après les lois de la nature et d'après les données de la science physiologique, admet, pour sortir de cette difficulté, deux présomptions : premièrement que la durée de la grossesse la plus longue est de trois cents jours et secondement que la durée de la grossesse la plus courte est de cent quatre-vingts jours.

Mais comment faut-il faire le calcul de ces trois cents et de ces cent quatre-vingts jours? Rejetant le mode de computation *de momento ad momentum*, nous admettrons pour le *maximum* et le *minimum* de la gestation le calcul de jour à jour, parce que, dans le langage du droit, le mot jour s'entend du jour civil, c'est-à-dire de l'espace de temps comptant vingt-quatre heures et compris entre deux minuits et que la loi pour les durées de la grossesse parle de jours et non pas d'heures. Du reste la supputation par heures ne se fait que pour les brefs délais et quand il en doit être ainsi le législateur a le soin de le dire expressément (1).

Puis, sans entrer dans l'examen de l'éternelle dispute du *dies a quo* et du *dies ad quem*, nous dirons que la gestation la plus longue ne dure pas plus de trois cents jours, la plus courte plus de cent quatre-vingts jours, non compris le jour soit de la célébration soit de la dissolution du marige, de l'impossibilité physique de cohabitation ou de séparation de corps, mais y compris le jour de la naissance tout entier, d'où il est facile de conclure que la conception se place néces-

____

(1) Art. 59, 77, 80, 86, C. N. ; 436, C. com.

sairement dans les cent vingt et un jours qui précèdent les cent soixante-dix-neuf jours antérieurs à celui de l'accouchement (1).

Il suffira donc, pour prouver sa légitimité, de rapporter l'acte de célébration de mariage de ses père et mère et son acte de naissance à soi, actes au moyen desquels on pourra établir, avec le secours des présomptions légales sur la durée de la gestation, que l'on a bien été réellement conçu pendant le mariage de ses auteurs.

SECTION TROISIÈME.

Preuve de la maternité.

La rubrique du chapitre II, *de la preuve de la filiation des enfants légitimes*, est mauvaise ; il ne s'agit en effet, dans ce chapitre, que de la preuve de la *maternité* légitime.

(1) La question du mode de computation des durées des courtes et longues grossesses présente un grand intérêt pratique. La jurisprudence s'est prononcée pour le calcul *de die ad diem*, en comptant le jour de la naissance et en laissant de côté le *dies a quo*. Espèce : Le nommé Louis Mercier, époux de Marie-Louise Marteau, décéda le 19 mars 1866, à deux heures du matin, et sa veuve, ladite Louise Marteau, accoucha, le 13 janvier 1867, à huit heures et demie du matin, d'un enfant du sexe féminin. Le tribunal de Baugé déclara légitime cet enfant né dans les trois cents jours d'après la dissolution du mariage des époux Marteau. La Cour d'Angers, le 12 décembre 1867, infirma ce jugement, attendu que l'enfant était né trois cents fois vingt-quatre heures, plus six heures et demie, après la mort de Louis Mercier. La Cour de cassation, le 8 février 1869, cassa l'arrêt d'Angers et conclut pour la légitimité. (D. P., 67, II, 201 ; 69, I, 181.)

V. Ortolan, *Droit pénal*, t. II, n⁰ˢ 1857 à 1869 ; Toullier ; Proud. ; Demol. ; Val. sur Proud. ; Dom. ; Zach. ; Dur. ; Marc.

Pour prouver sa filiation par rapport à sa mère, il faut établir deux choses : 1° l'accouchement de la femme dont on se prétend issu, et 2° son identité avec l'enfant dont elle est accouchée.

Lorsqu'il s'agit de filiation légitime, la maternité peut être établie par trois modes de preuve, savoir : 1° l'acte de naissance ; 2° la possession d'état ; 3° la preuve par témoins. Ces trois modes de preuve ont une autorité différente, selon qu'ils sont isolés, ou que deux d'entre eux se trouvent réunis, et selon que les deux qui sont réunis se contredisent ou sont conformes l'un avec l'autre.

Examinons donc cinq situations qui peuvent se présenter.

§ 1er. — *Titre et possession d'état conformes.*

L'intéressé le plus souvent a une possession d'état conforme à son acte de naissance ; c'est la situation la plus régulière. Dans ce cas, la filiation maternelle est surabondamment démontrée. L'acte de naissance prouve l'accouchement, et s'il contient l'indication de la mère, il prouve la maternité ; la possession d'état, conforme à ce titre, prouve l'identité du réclamant avec celui dont il est question dans l'acte de naissance.

La loi regarde la réunion et la conformité du titre et de la possession d'état comme tellement probantes, qu'elle en met les effets à l'abri de toutes les attaques. Ainsi toute réclamation d'état est interdite à quiconque possède un état conforme à son acte de naissance, et, réciproquement, toute contestation d'état est interdite contre cette personne (1). Il se peut sans

(1) Art. 322.

doute que, dans la réalité, l'enfant n'ait point la filiation que lui donne son acte de naissance corroboré par la possession d'état, mais ce danger sera trop rare pour que la loi ait dû s'y arrêter. Il fallait, dans l'intérêt général, et pour tous les cas, assurer le repos et la sécurité des familles.

On ne peut donc attaquer soit le titre, soit la possession d'état, soit tous les deux à la fois, quand ils sont conformes. Ainsi les adversaires de l'enfant prétendent-ils que son acte de naissance contient des déclarations mensongères, par exemple, que l'enfant a été inscrit sous de faux noms ou qu'il y a eu substitution de part *avant* la rédaction de l'acte, ils ne peuvent être admis à en faire la preuve, s'ils reconnaissent la possession d'état, car alors l'acte ayant été réellement dressé pour l'enfant qui y est désigné se trouve *conforme* à la possession d'état.

On peut, au contraire, détruire la *conformité* du titre et de la possession, c'est-à-dire combattre *l'identité* de l'enfant désigné dans l'acte avec celui qui a la possession d'état. Ainsi les adversaires de l'enfant pourraient prouver que le titre a été falsifié après coup pour le faire concorder avec la possession d'état, ou que *depuis* la rédaction de l'acte de naissance il y a eu substitution d'un enfant à un autre, car, dans ces deux cas, la preuve de la *non-identité* de l'enfant isolera la possession du titre, *lesquels, n'étant plus conformes*, ne s'appliquent certainement pas au même individu.

§ 2. — *Titre sans possession d'état.*

La naissance, « c'est le fait d'échouer sur la terre. » Ce fait se prouve au moyen de l'acte de naissance inscrit sur *le registre* des actes de l'état civil (1). L'acte de naissance ne prouve pas la filiation, comme le dit, à tort, l'article 319, il prouve seulement l'accouchement, la date et le lieu de la naissance. Toutefois, il prouvera encore la maternité de la femme dont l'enfant se prétend issu, s'il contient l'indication de l'accouchement de cette femme. Quant à l'enfant qui, par l'acte de naissance, a prouvé l'accouchement de la femme dont il se dit issu, il doit en outre établir qu'il est bien l'enfant dont elle est accouchée. L'acte de naissance, en effet, ne prouve pas l'identité de celui qui le détient entre ses mains avec celui dont il est question dans ce titre, puisque tout le monde peut se procurer des extraits des actes de l'état civil. Le réclamant doit donc prouver son identité pour établir le second élément de sa filiation maternelle.

Il fera cette preuve par tous les moyens possibles, soit par témoins, soit par de simples présomptions, indépendamment de tout commencement de preuve par écrit. Son identité prouvée, il aura prouvé sa filiation maternelle. Mais cette filiation ainsi établie ne sera pas aussi solide que si elle reposait sur un titre et une possession conformes. L'identité prouvée autrement que par la possession d'état fera certainement que tel enfant est bien celui dont telle femme est accouchée à telle époque, oui, mais seulement jusqu'à preuve contraire.

____

(1) Art. 310. « L'acte de naissance, c'est le passeport que la loi civile délivre à chacun de nous dès son entrée dans la société civile. » (Locré, t. VI, p. 251.)

§ 3. — *Possession d'état sans titre.*

 La possession d'état s'établit par une réunion suffisante de faits qui indiquent le rapport de filiation et de parenté entre un individu et la famille à laquelle il prétend appartenir. Les principaux de ces faits sont que l'individu a toujours porté le nom du père auquel il prétend appartenir; que le père l'a traité comme son enfant, et a pourvu, en cette qualité, à son éducation, à son entretien et à son établissement; qu'il a été reconnu constamment pour tel dans la société; qu'il a été reconnu pour tel par la famille (1).

Ce mode de preuve a été admis dans toutes les législations anciennes et modernes. De toutes les preuves, la possession d'état est, théoriquement parlant, la plus probante, particulièrement quand il s'agit de filiation. C'est qu'elle implique une série d'aveux, une reconnaissance faite d'une manière suivie et constante par toutes les personnes intéressées et non intéressées à contester l'état de l'enfant : *nomen*, reconnaissance du père; *tractatus*, reconnaissance de la famille; *fama*, reconnaissance de la société tout entière. Ces trois faits considérables sont les faits principaux de ceux qui peuvent constituer la possession d'état, et de même que l'on peut invoquer toute espèce de faits non énumérés dans la loi, de même on n'est pas tenu de rapporter la preuve de ceux qu'elle indique spécialement. La question de savoir si les faits articulés établissent, pour le cas où ils seraient prouvés, la possession, est une question de fait abandonnée à l'appréciation des magistrats.

(1) Art. 321.

Quand la possession d'état est conforme à l'acte de naissance, cette possession établit l'identité et par conséquent la filiation. Si l'enfant n'a pas de titre, elle prouvera de même et l'accouchemnt et l'identité. En effet, il y a un enfant existant, donc il y a eu accouchement; cet enfant est en possession d'état d'enfant de telle femme, donc il est bien l'enfant dont cette femme a dû accoucher. Ainsi, la possession d'état, à elle seule, établit complétement la filiation : elle a cet avantage sur le titre qui ne prouve, quand il contient indication de la mère, qu'un des éléments de la maternité (1).

Mais pour faire preuve, la possession doit revêtir un certain caractère. La loi veut une possession d'état « *constante* », c'est-à-dire *certaine*, *sans lacune* (2), possession qui ait commencé à la naissance de l'enfant et qui ait continué, non interrompue, jusqu'au jour où cet enfant réclame sa filiation. Au surplus, les tribunaux sont juges de la question de savoir si en fait il y a oui ou non possession d'état. Même s'il y a une lacune dans la possession, on peut dire que les tribunaux pourront toujours décider si la possession existe ou n'existe pas.

L'enfant qui invoque la possession d'état, peut l'établir par toute espèce de moyens, par titre ou par témoins indépendamment de tout commencement de preuve par écrit.

§ 4. — *Titre et possession d'état contraires.*

Cette situation n'est pas expressément prévue par les textes. Mais l'article 320 nous dit qu'à *défaut de titre* la possession suffit. La preuve par possession d'état n'est donc que

(1) Art. 320.
(2) Art. 321.

subsidiaire et ne vient qu'après la preuve par titre. Quelque soit par conséquent le motif qui empêche de produire l'acte de naissance, on peut toujours s'armer de la possession d'état, mais si les adversaires opposent un acte de naissance contraire, le titre l'emporte, et la preuve résultant de la possession d'état sera totalement paralysée.

§ 5. — *Défaut de titre et de possession d'état. — Preuve testimoniale.*

L'enfant qui recherche sa filiation peut se servir de la preuve par témoins, toutes les fois que sa filiation n'est pas établie par un acte de naissance conforme à sa possession d'état. Ainsi, il peut y recourir dans les quatre cas suivants :

1° Lorsqu'il n'a ni titre, ni possession, ou, ce qui revient au même, quand n'ayant pas de possession d'état, il a été désigné sous de faux noms ou inscrit comme né de père et mère inconnus ;

2° Lorsque n'ayant pas de titre, il réclame un état contraire à sa possession ;

3° Lorsqu'il a un titre sans possession, pour prouver son identité ;

4° Lorsqu'il n'a pas existé de registres des actes de l'état civil ou lorsque ces registres ont été perdus ou détruits (1).

Premier et deuxième cas. — Quand le titre et la possession d'état l'un et l'autre font défaut, l'enfant n'a pas d'autres ressources que la preuve testimoniale pour prouver l'accouchement de sa mère et son identité avec cet enfant dont sa mère est accouchée. L'accouchement et l'identité sont deux

___

(1) Art. 40.

faits susceptibles de la preuve par témoins ; aussi a-t-on admis d'une manière générale la recherche de la maternité qu'elle soit légitime ou qu'elle soit naturelle. Cependant il y a cette différence que la maternité légitime étant prouvée, la paternité se trouve forcément démontrée, tandis que la preuve de la maternité naturelle n'a d'effet uniquement et absolument qu'à l'égard de la mère.

Dans le premier et le second des cas que nous venons d'énumérer, pour savoir dans quelles circonstances il sera possible à l'enfant de produire des témoins, la loi se montre circonspecte et n'autorise l'audition des témoins que sous certaines conditions. L'enfant qui, n'ayant ni titre, ni possession, ou qui, n'ayant pas de titre, possède un état contraire à la réalité, réclame sa filiation légitime, ne sera admis à prouver son origine par témoins qu'autant qu'elle sera déjà *rendue vraisemblable:* 1° soit *par un commencement de preuve par écrit;* 2° soit *par des présomptions ou indices graves résultant de faits dès lors constants* (1).

Le commencement de preuve par écrit peut émaner du père, de la mère, ou de toute personne engagée au procès, ou, qui n'y étant point engagée, y serait intéressée, si elle était vivante. Il n'est donc pas obligatoire que ces commencements de preuve soient des titres émanés de l'adversaire (2). Le commencement de preuve écrite résulte des titres de famille, des registres ou papiers domestiques, des actes publics ou sous signature privée, et même de simples lettres missives (3).

(1) Art. 323.
(2) Art. 1347.
(3) Art. 324 ; v. Aubry et Rau *sur Zach.*, t. III, p. 600, note 27.

A défaut de commencement de preuve par écrit, la loi se contente de présomptions ou indices *assez graves* pour rendre vraisemblable la prétention de l'enfant : par exemple, des signes corporels, des vêtements dont il serait parlé dans le procès-verbal de l'article 58 et représentés par l'enfant, ou même une ressemblance entre l'enfant et la mère ou le père dont il se dit issu. Toutefois, en laissant une certaine latitude aux juges, la loi veut que ces présomptions ou indices résultent de faits *dès lors constants*, c'est-à-dire que ces faits allégués doivent être assez évidents par eux-mêmes, car on ne veut pas qu'il soit besoin de témoins pour établir des faits sur lesquels on demande à faire entendre d'autres témoins.

Si, la preuve testimoniale admise, nous nous portons du côté des adversaires de l'enfant, nous y voyons que tous les moyens, la preuve testimoniale indépendante d'un commencement de preuve littérale, de simples présomptions, sont bons pour résister à sa prétention (1).

Troisième cas. — Si l'enfant possède un titre, sans avoir de possession d'état, la preuve de l'identité peut être faite par tous les moyens, témoins, présomptions, sans qu'un commencement de preuve écrite soit nécessaire (2).

Quatrième cas. — Dans le cas de l'article 46, C. N., la preuve testimoniale est admissible, indépendamment d'un commencement de preuve par écrit ou d'indices graves. C'est qu'en effet la perte des registres explique comment le demandeur ne représente pas son acte de naissance. Cette circonstance est un commencement de preuve, un indice

(1) Art. 323, C. N.; 250, C. proc.
(2) Demolombe; Mourlon.

assez grave pour rendre sa réclamation vraisemblable. Au contraire, dans l'hypothèse des articles 323, 340 et 341, les registres existent ; pourquoi donc le demandeur ne représente-t-il pas son acte de naissance ? Il est juste de se montrer défiant et exigeant à son égard.

Contrairement encore à ce qui a lieu pour les cas réglés par l'article 323, dans l'hypothèse prévue par l'article 46, les énonciations écrites dans les registres et papiers domestiques des père et mère ou de toute autre personne peuvent, à elles seules, à titre d'indices ou de présomptions graves, faire preuve complète de la filiation (1).

SECTION QUATRIÈME.

Preuve de la paternité.

La paternité légitime n'a jamais besoin d'être établie directement ou principalement ; elle ne pourrait pas l'être. Elle est toujours prouvée par la loi elle-même qui conclut de la maternité à la paternité. De ce fait connu qu'une femme mariée a un enfant, la loi tire comme conséquence que la

---

(1) Art. 46, 1353 ; *Conf.*, Demol.; Val.; *Contrà*, Marc.; Dem.; Zachariæ. — Ce système doit être étendu au cas où un enfant naturel prétendrait que son père ou sa mère l'avait reconnu par un acte inscrit sur des registres détruits (art. 340, 341). — D'après l'article 323, le mari peut, par tous les moyens possibles, repousser la présomption *pater is est....*; tandis que, dans le cas de l'article 46, il ne peut pas la faire tomber, s'il se trouve en dehors des causes de désaveu spécifiées dans l'article 312. Quand, en effet, les registres de l'état civil existent, l'absence de l'acte de naissance doit faire suspecter la légitimité de la mater..ité.

paternité, chose inconnue, doit appartenir au mari (1). L'enfant conçu pendant le mariage a pour père le mari de sa
mère. La preuve de la paternité légitime repose donc entièrement sur une présomption légale.

Lorsque l'acte de naissance contient l'indication des père
et mère de l'enfant, aucune difficulté ne peut se présenter ;
l'article 319 fait lui-même allusion à cette situation, dans
laquelle la filiation légitime est entièrement démontrée.

Si la mère seule est désignée dans l'acte, l'indication de
la maternité suffit pour établir la filiation avec une force
aussi probante que si le père y était également désigné. Cet
acte est irrégulier en sa forme, voilà tout ; il pourra être
rectifié. Peu importent les irrégularités de l'acte de naissance,
pourvu qu'il prouve la maternité d'une manière certaine.

L'acte désigne-t-il la mère sous son nom de fille et non
de femme mariée ; désigne-t-il même nommément un autre
individu que le mari comme père de l'enfant ? La situation
est suspecte, néanmoins la preuve de la filiation légitime est
encore fournie. Cette indication de paternité étrangère est
nulle et non avenue ; l'acte est irrégulier, sa rectification le
redressera, mais il fait foi de la maternité, et de la maternité
la loi conclut à la paternité, sauf à attendre ce que cette paternité deviendra.

Mais quelle est donc la véritable force légale de la présomption *pater is est quem nuptiæ demonstrant ?* La force de
cette présomption est variable, et, dans certains cas, sous
certaines conditions, le mari peut désavouer les enfants de sa
femme, et décliner cette paternité que la loi lui attribue et
lui impose.

(1) Art. 312, 1349.

§ 1er. — *Du désaveu.*

L'action en désaveu, par laquelle le mari repousse la paternité des enfants que sa femme a mis au monde, est d'une gravité exceptionnelle pour la mère, pour le mari, pour la famille toute entière ; aussi la loi ne la permet que difficilement. Néanmoins, il est des circonstances où une certaine liberté d'appréciation est laissée au mari, auquel on ne doit pas laisser des enfants qui, manifestement, ne lui appartiennent pas.

Voyons successivement les cas limités dans lesquels le désaveu est possible.

En principe, pour qu'il y ait lieu à désaveu, il faut qu'il y ait évidence ou au moins grande probabilité de non-paternité ; ensuite, il ressort de l'étude de la loi que le mari doit plus ou moins respecter ou peut plus ou moins combattre sa paternité légale, selon que la maternité de sa femme a été prouvée par titre, par possession d'état ou par témoins.

Pour étudier cette matière avec ordre et méthode, nous diviserons les enfants légitimes en deux classes, et, pour les enfants de notre seconde classe, nous distinguerons deux hypothèses différentes.

I. — *Enfants* CONÇUS AVANT *et* NÉS PENDANT *le mariage.* — Lorsque l'enfant naît dans les cent quatre-vingts jours qui suivent celui de la célébration, le mari a toute latitude. Sans avoir aucun motif à alléguer, il peut, sur sa simple dénégation de paternité, faire tomber la légitimité de l'enfant. Il lui suffit, par le rapprochement des dates, de montrer que la conception est antérieure au mariage. C'est une cause de

désaveu péremptoire (1). Il y a trois exceptions à cette règle :
1° si le mari est convaincu par ses adversaires d'avoir eu
connaissance de la grossesse de sa femme avant le mariage ;
2° lorsqu'il a assisté à l'acte de naissance, et que cet acte est
signé de lui, ou contient sa déclaration qu'il ne sait signer ;
3° lorsque l'enfant n'est pas né *viable*, le désaveu doit être
écarté. Mais, de deux choses l'une, ou le mari peut désavouer ou il ne le peut pas : s'il le peut, sa seule dénégation
est suffisante.

L'enfant conçu avant le mariage, né dans les cent quatre-
vingts jours après la célébration, et désavoué, restera l'enfant de la femme, mais il sera sans père connu, à moins que,
plus tard, celui-ci ne se fasse connaître.

II. — *Enfants* conçus *et* nés pendant *le mariage.* — Pour les
enfants conçus et nés durant l'association conjugale, la loi
n'admet que le désaveu motivé, prouvé. Les motifs justifica-
tifs, il est vrai, varient suivant les cas, et c'est pourquoi
nous distinguons deux hypothèses ; mais pour tout désaveu
d'un enfant quelconque conçu et né en mariage, alors que
les époux ne sont pas autorisés judiciairement à vivre
séparés, la seule dénégation du mari ne suffit pas pour décliner sa paternité.

Première hypothèse. — *La maternité a été établie* par
témoins *dans une action en réclamation d'état* (2). — Dans ce
cas, l'article 312-1° reste applicable, mais le mari peut justifier de sa non-paternité, et il le peut *par tous les moyens de
preuve possibles* (3). Si la loi, dans cette circonstance, s'en

(1) Art. 314.
(2) Art. 323.
(3) Art. 325.

remet entièrement à la prudence des juges, on le comprend, car la maternité a été dissimulée et la situation n'est plus régulière.

En recherchant sa mère, il est possible que le réclamant ait mis en cause et sa prétendue mère et le mari de celle-ci. Alors, les conclusions du demandeur ont pu être combattues par les deux défendeurs. Que la maternité soit prouvée, et que le mari ne réussisse pas à établir qu'il n'est pas le père du réclamant, celui-ci aura la preuve acquise de sa filiation légitime. Mais que le mari réussisse à démontrer qu'il n'est pas le père de l'enfant, l action en réclamation d'état devra être rejetée entièrement; la preuve de la maternité sera devenue inutile. En effet, la loi n'admet pas la constatation des filiations adultérines (1).

Il est possible encore que le réclamant n'ait appelé en cause que sa prétendue mère, et prouve sa filiation maternelle : *Quid* du mari ? Le réclamant devra de nouveau agir contre lui pour l'application de l'article 312-1°, car les effets des jugements ne sont jamais que relatifs (2), sauf au mari à contester, comme il l'entendra, la paternité dont on veut le charger. L'enfant donc agit-il après coup contre le mari de sa mère et avec succès, il a prouvé sa filiation légitime; mais succombe-t-il, naturellement c'est un enfant adultérin. Pour éviter cette contrariété de jugements, rendant légitime cet enfant vis-à-vis de sa mère et illégitime à l'égard du mari de sa mère, le tribunal, saisi de la première demande, n'a qu'à ordonner d'office la mise en cause de toutes les parties intéressées (3).

(1) Art. 335, 312; Val., *Expl. somm.*, Demol.
(2) Art. 1351.
(3) Art. 850, C. pr.

Deuxième hypothèse. — *La maternité est prouvée* par titre ou par possession d'état, *ensemble ou séparément.* — Ici l'article 325 n'est plus applicable, et le mari ne peut justifier son désaveu qu'en alléguant *une des causes spécialement déterminées* par la loi. Ces causes justificatives du désaveu sont au nombre de trois. Ce sera donc dans trois cas seulement, limités par les articles 312-2° et 313, que le mari pourra désavouer l'enfant de sa femme dont la maternité sera consignée dans un titre ou mise au grand jour par la possession d'état.

Premier cas de désaveu (article 312-1°). — *Désaveu pour cause d'impossibilité* physique *de cohabitation entre les époux pendant le temps légal de la conception.* — On suppose toujours, en cas de désaveu, que ces trois faits, l'accouchement, le mariage de la mère et l'identité de l'enfant sont établis ou non contestés. Si le mari prouve qu'il n'a pu *physiquement* cohabiter avec sa femme pendant la période légale de la conception, la présomption légale de paternité disparaît, et l'enfant est nécessairement adultérin.

Mais d'où peut provenir cette impossibilité physique de cohabitation ? Observons d'abord qu'il n'y a pas à s'occuper de l'impossibilité *morale*, résultant par exemple de mésintelligences très-graves entre les conjoints, impossibilité impossible à prouver et que la loi a sagement écartée. L'impossibilité *physique* ne peut légalement résulter que de deux circonstances, l'*éloignement* ou un *accident.*

Éloignement. — Il ne s'agit par ici d'une question de *distance*, mais d'une *séparation* telle que la communication et la réunion des époux a été impossible (1).

Accident. — L'impuissance *naturelle*, dont la justification

(1) Locré, t. VI, p. 200 ; Val., *Expl. somm.*

est incertaine et scandaleuse, n'est jamais admise pour cause de désaveu. L'impuissance *accidentelle*, dont la preuve est moins dangereuse, peut résulter d'une blessure, d'une mutilation, d'une opération chirurgicale, en un mot d'un *accident*, d'un fait quelconque susceptible d'être révélé et constaté par des signes extérieurs, et il n'y a pas à distinguer, la loi ne distingue pas, entre l'impuissance accidentelle *postérieure* et l'impuissance accidentelle *antérieure* au mariage (1).

Deuxième cas de désaveu (article 313-1°). — *Désaveu pour adultère de la femme, recel de l'enfant et impossibilité* MORALE *de cohabitation.* — Le désaveu dans notre espèce ne peut réussir qu'autant que ces trois conditions concourent : adultère de la femme, recel de l'enfant, impossibilité morale de cohabitation dans la période légale de la conception.

A lui seul, et on le comprend, l'adultère de la femme ne suffit pas pour prouver la non-paternité du mari.

Quand la femme dissimule sa grossesse et son accouchement, elle reconnaît d'une façon implicite et significative qu'elle n'a pas eu de rapports avec son mari ; cependant, bien qu'elle ait cohabité avec son mari, comme il pourrait se faire encore, pour un motif ou un autre, qu'elle lui cache sa grossesse, la loi, tout en reconnaissant que la présomption *pater is est....* est fort ébranlée, se prononce en définitive en faveur de l'enfant.

Que si le recel de l'enfant et l'adultère de la femme existent cumulativement, la présomption de paternité se trouve tellement affaiblie que le mari est dès lors admis à proposer tous les faits propres à justifier qu'il n'est pas le père de l'enfant.

(1) Art. 313-1°; v. Val., *Expl. somm.*, p. 421 ; Hérold, *De la filiation*, p. 60.

On convient en général que l'adultère, le recel et l'impossibilité de cohabitation peuvent être établis dans une seule et même instance et qu'il peut être statué sur ces trois faits par un seul et même jugement (1). Mais ces trois conditions de désaveu doivent-elles être toutes les trois établies *spécialement* et *directement?* ou bien l'adultère peut-il être établi, en dehors d'une preuve *spéciale* et *directe*, par induction de l'existence des deux autres conditions? La jurisprudence et la doctrine semblent décider que le mari n'a que deux choses à prouver, le recel et l'impossibilité de cohabitation ; l'adultère ne serait plus une cause directe et principale, mais la conséquence implicite et nécessaire de ces deux faits dont la preuve établirait la non-paternité.

Le texte clair et précis de l'article 313 résiste fortement à cette interprétation (2).

Troisième cas de désaveu (article 313-2°). — *Séparation de corps.* — Sous l'empire du Code Napoléon, la séparation de corps laissait intact le principe que l'enfant conçu pendant le mariage a pour père le mari de sa mère. Et, cependant, la présomption de cohabitation disparaît quand les époux sont autorisés à avoir des domiciles distincts et séparés. La femme pouvait, en évitant de dissimuler sa grossesse, vivre publiquement dans l'adultère, sans que le mari pût faire rien pour rejeter la fausse paternité qui lui était attribuée. La loi du 6 décembre 1850, qui forme le second alinéa de l'article 313, a fait cesser cette scandaleuse injustice.

Toutes les fois que le mari prouve que l'enfant de sa

---

(1) *Contrà*, Toullier.

(2) Dur.; Zach.; Marc.; Fœnet, t. X, p. 217. — Parmi les partisans de ce système, les uns exigent la preuve *préalable*, les autres, se contentent de la preuve spéciale et directe de l'adultère. — *Contrà*, Dem.; Demol.; Val.

femme est né plus de trois cents jours après l'ordonnance du président autorisant la mère à quitter le domicile conjugal, et moins de cent quatre-vingts jours depuis le rejet de la demande en séparation de corps ou depuis la réconciliation, par cela seul, il établit qu'il n'en est pas le père. Nous rencontrons là un second cas de désaveu péremptoire. La seule dénégation du mari est suffisante. Le fait présumé est en effet la non-réunion, l'absence de rapports entre les époux séparés. Le mari n'a pas à établir qu'il n'y a pas eu réunion entre lui et sa femme, il n'a aucune justification à présenter. Ce sont ses adversaires qui, pour faire tomber le désaveu, devront prouver qu'il y a eu rapport entre les époux.

Supposons une femme mariée ayant rompu la vie commune, séparée de fait, amiablement, vivant publiquement avec un amant. A qui seront les enfants qu'elle mettra au jour? Au mari, à moins qu'on efface du Code l'article 312-1°, ou à moins qu'il ne puisse repousser cette paternité en se trouvant dans un de nos trois cas où le désaveu est recevable. La seule ressource d'un tel mari dans une semblable éventualité est la séparation de corps qu'il est digne et prudent de demander.

Si nous supposons un enfant reconnu par une femme autre que la femme mariée qui en était la mère, le mari pourra prévenir l'action en réclamation d'état que pourrait plus tard contre lui intenter cet enfant. Il contestera pour cela d'abord l'état de l'enfant ; puis, lorsqu'il aura démontré sa filiation maternelle, il le désavouera, afin que celui-ci ne puisse se placer sous la protection de la présomption *pater is est quem nuptiæ demonstrant.*

§ 2. — *Action en désaveu.*

Cette action en désaveu n'est attribuée qu'à certaines personnes déterminées; elle n'appartient qu'au *mari seul*, tant qu'il vit. Dans ses mains, c'est une action *pécuniaire* et *morale*, par conséquent essentiellement attachée à sa personne, conformément au principe doctrinal de l'article 1166.

Le mari doit agir en désaveu, sous peine de déchéance, dans un délai tantôt d'un mois, à partir du jour de la naissance, tantôt de deux mois, à partir de son retour, s'il ne se trouvait pas sur les lieux de la naissance de l'enfant. L'action est fatalement de courte durée, parce que la condition de l'enfant ne doit pas rester trop longtemps incertaine, et parce que tout sursis du mari implique de sa part une hésitation qui vient en aide à la présomption de paternité.

Absent, ou présent, le mari a toujours un délai de deux mois, à compter de la découverte de la fraude, quand on lui a caché la naissance de l'enfant (1).

Dans ce délai d'un ou de deux mois, le mari n'est pas absolument contraint d'agir, il doit seulement manifester d'une manière formelle sa volonté de désavouer l'enfant de sa femme, et cette intention peut être constatée par un acte *extrajudiciaire*, comme une déclaration devant notaire, une signification d'huissier, un acte sous seing privé ayant date certaine et même une simple lettre missive. La loi donne encore un mois au mari après cette manifestation de volonté;

_(1) Art. 316.

elle fournit en somme elle-même un moyen de proroger le délai fixé pour intenter l'action en désaveu (1).

L'action est dirigée contre l'enfant lui-même toujours défendeur au désaveu. La femme n'est pas défenderesse ; elle doit être *présente*, mais elle n'est pas *partie* au procès (2).

L'enfant est-il *majeur*, c'est lui qui sera assigné ; est-il *mineur*, on devra lui donner un tuteur *ad hoc*, alors même qu'il aurait déjà un tuteur ordinaire par suite du décès de sa mère, parce que ce tuteur sera généralement un parent du mari ou de la mère, intéressé par conséquent à la réussite du désaveu, et aussi parce qu'il faut que le protecteur de l'enfant, par son isolement, ait une responsabilité plus directement engagée (3).

En doctrine, on s'accorde assez généralement pour que ce tuteur *ad hoc* soit nommé par le tribunal, parce que le conseil de famille est composé de parents paternels et maternels de l'enfant, intéressés à faire triompher l'illégitimité et à faire, pour cela, un mauvais choix (4). En pratique, au contraire, c'est ce qu'on n'a jamais admis, et c'est le conseil de famille qui choisit ce tuteur *ad hoc*, parce que, jusqu'au jugement, l'enfant est en possession d'état d'enfant légitime et a pour père le mari de sa mère ; que la nomination faite par le tribunal serait la violation de l'article 335 ; que si la loi avait voulu déroger à la règle générale, elle l'aurait fait formellement comme dans l'article 2208 ; et

(1) Art. 318.
(2) *Id.*
(3) *Id.*
(4) Demol.; Val. *sur Proudh.* — Marcadé veut un conseil composé de parents *maternels* et d'amis.

parce que l'enfant, mal défendu, a le droit de se pourvoir
par la voie de la requête civile (1).

CHAPITRE DEUXIÈME.

Enfants légitimés.

L'enfant naturel prend le nom de celui des père et mère
qui l'a reconnu, du père, si les deux auteurs l'ont reconnu.
Cet enfant a droit à l'éducation, aux aliments, et est soumis
à la puissance paternelle. Mais il ne fait pas partie de la
famille ni de son père, ni de sa mère. Légalement parlant,
il n'a pas d'aïeuls, pas de collatéraux, sauf, il est vrai, dans
quelques circonstances exceptionnelles et formellement désignées par la loi (2). Les droits successifs des enfants naturels sont beaucoup moindres que ceux des enfants légitimes,
et ces derniers succèdent à un autre titre que les autres (3).

La légitimation a pour but de faire cesser ces différences :
elle donne à ceux qu'elle élève au rang d'enfants légitimes
tous les avantages de la légitimité (4).

La légitimation a lieu dans deux cas : 1° pour les enfants
conçus antérieurement au mariage durant lequel ils sont

(1) Toullier; Proudh.; Zach.; Montpellier, 12 mars 1833, D. P., 1833, II,
215; Cass., 14 février 1854, S., 54, I, 225.
(2) Art. 161-162, 766.
(3) Art. 724, 756 et suiv.
(4). Art. 333.

nés; 2° pour les enfants nés hors mariage dont les père et mère contractent une union légitime.

Pour que le mariage subséquent des père et mère procure le bienfait de la légitimation à leur enfant naturel, il faut nécessairement que l'enfant ait été reconnu avant le mariage ou au plus tard dans l'acte de célébration, sinon la légitimation serait devenue à tout jamais impossible (1). Il faut en outre que le mariage subséquent soit valable ou tout au moins putatif. Il dépend des père et mère de reconnaître leur enfant, mais l'enfant, une fois reconnu par eux, est *de droit* légitimé par leur mariage subséquent. Toutefois, si la légitimation élève à la légitimité les enfants naturels, elle ne produit point cet effet qu'ils ne soient pas restés naturels jusqu'au mariage de leurs parents. Les enfants légitimés acquièrent donc la légitimité *pour l'avenir*, mais *non dans le passé.*

Le Code Napoléon ne reconnaît qu'un seul mode de légitimation. Qu'arriverait-il donc si l'un des deux auteurs qui ont reconnu un enfant naturel mourait avant d'avoir pu le légitimer par son mariage? C'est qu'il n'y aurait plus de légitimation possible. De même si, pour une autre cause quelçonque, le mariage subséquent était en fait impossible. Les lois romaines et nos législations anciennes étaient moins sévères (2).

La pratique a trouvé dans l'adoption le moyen de venir en aide à l'enfant naturel qui ne saurait aspirer à la légiti-

(1) Art. 331.

(2) En droit romain, la légitimation pouvait avoir lieu do quatre manières. Dans notre ancienne jurisprudence, il y avait la légitimation par mariage subséquent et par lottres patentes du roi, *par rescrit du prince,*

mation. On accepte communément qu'un enfant naturel reconnu puisse être adopté par son père ou par sa mère. L'adoption ne sera pas aussi avantageuse que la légitimation, mais l'enfant adoptif a, vis-à-vis l'adoptant, les mêmes droits qu'un enfant légitime (1).

CHAPITRE TROISIÈME.

Enfants illégitimes.

SECTION PREMIÈRE.

Enfants naturels.

La filiation naturelle peut être établie : 1° par l'acte de reconnaissance volontaire, spontanée, soit pour le père, soit pour la mère, soit pour les deux conjointement ; 2° par la décision judiciaire qui intervient à la suite de l'action en recherche de la maternité ou de la paternité naturelle, exercée par les enfants pour établir leur filiation au moyen de la preuve testimoniale (2). Ce jugement, qui tient lieu d'aveu volontaire et y supplée, est appelé *reconnaissance forcée*. Cette expression, qui n'est pas dans la loi et n'est pas très-exacte, est consacrée en pratique et justifie la rubrique défectueuse de notre titre, qui eut dû être celle-ci : *Preuve de la filiation naturelle.*

(1) Art. 317 et suiv.
(2) 334, 310, 311.

§ 1er. — *Reconnaissance volontaire.*

Si l'acte de naissance fait preuve de la filiation légitime, il ne prouve, au contraire, ni la maternité ni la paternité naturelles. C'est vainement qu'il mentionne le nom du père ou de la mère ; les déclarants n'ont point mission de faire une telle déclaration, et l'officier de l'état civil n'a pas reçu mandat de la loi pour la recevoir. La loi n'admet comme preuve de la filiation naturelle que l'*aveu individuel* ou de la maternité ou de la paternité. Cet aveu, qu'on nomme *la reconnaissance*, ne se confond pas avec l'acte de naissance ; aussi peut-il être fait dans un acte séparé. L'acte de naissance, quand bien même il indiquerait quels sont les père et mère de l'enfant, qui ne contient pas une *reconnaissance* émanée soit du père, soit de la mère, soit de toute autre personne *munie à cet effet d'un mandat authentique et spécial*, ne prouve qu'une seule chose, le simple fait de la naissance, c'est-à-dire le jour de l'accouchement, le lieu où l'enfant est né, son sexe et les noms qui lui ont été donnés (1).

L'acte de *reconnaissance* est donc pour l'enfant *naturel* ce qu'est pour l'enfant *légitime* l'acte de *naissance*. L'acte de reconnaisance ne peut par conséquent faire preuve complète de la filiation, qu'à la condition que l'enfant, qui veut s'en prévaloir, prouve son identité avec la personne désignée dans l'acte, preuve qui se fait par tous les moyens, même par témoins, indépendamment d'un commencement de preuve par écrit.

En filiation légitime, la loi conclut de la maternité à la

(2) Art. 36, 56, 57, 62, 319 et 334, 336, 337, 339.

paternité; à l'opposé, la reconnaissance d'un enfant naturel reste toujours *individuelle* dans ses effets. En un mot, la maternité et la paternité naturelles se prouvent *isolément*. L'un des deux auteurs, en reconnaissant un enfant naturel, non-seulement n'est pas tenu de désigner l'autre, mais encore il ne le doit pas, et en le faisant il s'expose à une poursuite en diffamation et en réclamation de dommages et intérêts (1).

Personne n'a jamais pu douter que toute déclaration émanée de la mère ou de qui que ce soit, ayant pour but de désigner le prétendu père de l'enfant ne fut nulle et de nul effet (2). Mais la jurisprudence décide invariablement que *la mention du nom de la mère dans l'acte de reconnaissance expresse faite par le père, prouve la maternité*, sous la seule condition que l'*identité* de l'enfant ne sera pas contestée, ou, en cas de contestation qu'elle sera établie par l'*aveu tacite* de la mère et conséquemment *par la possession d'état*. Et cela résulterait de l'article 336 (3).

La jurisprudence ne s'est pas arrêtée à ce résultat. Elle reconnait encore invariablement que *la désignation du nom de la mère dans l'acte de naissance* de l'enfant *sur la déclaration d'un tiers*, dans le sens de l'article 56, *fait preuve de la maternité naturelle*, sous cette seule et même condition que cette maternité sera confirmée par l'aveu tacite implicite de la mère par la possession d'état qui établira en même temps l'identité de l'enfant.

Admettre cette doctrine, c'est reconnaître que l'article 319

(1) L. 17 mai 1810, art. 13, 18.

(2) Art. 35 et 310. — Locré, t. III, p. 209.

(3) Paris, 21 nov. 1853, Dev., 1856, II, 719; Cass., 10 août 1864, Dev., 1865, I, 505.

est applicable en matière de filiation naturèlle, c'est détruire le système légal pour faire face aux exigences pratiques.

L'article 334 exige formellement pour la validité de la reconnaissance d'un enfant naturel un acte authentique. Un sous seing privé ne pourrait donc contenir une reconnaissance valable, or, *a fortiori*, la reconnaissance ne doit pas être tacite. La reconnaissance tacite, résultant des circonstances, de ce qu'elle est parfaitement établie en fait, n'est pas pour cela légalement constatée et surtout n'a pas une existence légale.

Quant à l'article 336, c'est un article mal rédigé dont il faut se garder de prendre les termes à la lettre. Il contient seulement ce principe, et n'a jamais voulu dire autre chose, que *la reconnaissance d'un enfant naturel n'a d'effet que relativement à celui des père et mère qui l'a faite*, et que la reconnaissance du père avec désignation de la mère n'a d'effet qu'à l'égard du père. Les travaux préparatoires en font la foi la plus complète (1).

On n'exige pas du reconnaissant la capacité civile nécessaire pour contracter, on ne lui demande que de pouvoir donner un consentement. La reconnaissance est l'accomplissement d'un devoir, et cette faculté de reconnaître un enfant naturel est essentiellement personnelle et ne saurait s'exercer par délégation. La femme mariée, sans autorisation maritale, ni de justice, peut faire une reconnaissance ; l'article 337 le suppose très-explicitement. La reconnaissance faite par le mineur, même non émancipé, est également valable en soi, sauf au mineur à l'attaquer et à la faire tomber plus tard (2).

(1) Locré, t. VI, partie II, iv, n°s 14 et 25 ; vi, n°s 20 à 24 ; ix, n° 35 ; x, n° 30 ; xi, n° 46. — D'ailleurs, l'aveu ne peut nuire qu'à celui qui l'a fait.

(2) Zach.; Aubry et Rau.

Un auteur peut reconnaître un enfant malgré la volonté de l'autre, malgré l'enfant lui-même, sauf à ces derniers à contester la validité de cette reconnaissance (1).

Aucune condition de temps n'est non plus requise : l'enfant peut être reconnu avant sa naissance, alors qu'il n'est que conçu. Il est un cas cependant, mais cas unique, dans lequel l'époque où la reconnaissance a été faite influe sur ses effets. Il en est question dans l'article 337. On peut valablement reconnaître, *pendant le mariage*, l'enfant que l'on a eu étant célibataire, *d'un autre que de son conjoint*. Mais cette reconnaissance, pendant le mariage, d'un enfant naturel issu d'une autre personne que le conjoint, ne peut avoir aucun effet au détriment des enfants communs et de ce conjoint. Elle est au contraire pleinement efficace à l'égard de toute autre personne. Ainsi, *au point de vue moral*, on enseigne que l'enfant ainsi reconnu peut porter le nom de son auteur et qu'il est soumis à sa puissance paternelle ; *au point de vue pécuniaire*, il ne peut succéder au préjudice du conjoint de son auteur ni concourir avec les enfants issus du mariage pendant lequel il a été reconnu, et on nie même qu'il puisse réclamer des aliments parce que, dit-on, le système de la loi est d'empêcher que la reconnaissance ne porte atteinte dans une mesure quelconque à l'intérêt pécuniaire du conjoint et de ses enfants légitimes. Toutefois, M. Demolombe croit « que l'auteur de « la reconnaissance, ayant personnellement la jouissance de « tout ou partie de ses biens, pourra ainsi fournir des ali- « ments à son enfant naturel, sans que son conjoint ou ses « enfants légitimes aient le droit de se plaindre qu'on les « prive de revenus dont l'époux ne leur doit pas compte. »

(1) Art. 339.

Mais il nous semble inévitable d'accorder, dans tous les cas, des aliments à l'enfant naturel reconnu. Comment les lui refuser en effet, parce qu'il aurait été reconnu pendant le mariage de son auteur, quand l'enfant adultérin, dont la filiation aurait été légalement constatée, et dans les mêmes conditions, aurait droit à des aliments (1)? D'ailleurs, nous remarquerons, ce qui nous touche davantage, que si l'auteur de la reconnaissance a la puissance paternelle, comme tout le monde le reconnaît, cette puissance implique les droits de garde et de correction et par conséquent la dette d'éducation, et que l'accomplissement de ce devoir, même envers un enfant naturel, nécessite certaines dépenses.

Cette restriction aux effets de la reconnaissance, et ceci résulte des termes mêmes de l'article 337, n'a pas lieu lorsque la reconnaissance a été faite avant le mariage quoiqu'elle ait été tenue secrète, ou lorsqu'elle a été faite après la dissolution du mariage, encore qu'il existe des enfants issus de ce mariage. L'article 337 est encore inapplicable quand il est constant, par suite d'une reconnaissance volontaire ou forcée, que l'enfant reconnu par un conjoint est également celui de l'autre; la paix, en cette occurence, ne devra pas en effet être troublée dans le ménage. Mais on décide que si la reconnaissance d'un enfant, issu d'un autre que du conjoint, a été faite pendant le mariage, le conjoint, auteur de cette reconnaissance, devenu veuf, ne pourra la renouveler au préjudice des enfants issus du mariage, et on admet aussi que ni l'un ni l'autre des époux ne puisse renoncer à se prévaloir de l'article 337. En revanche, l'enfant reconnu pendant le mariage, peut être légitimé après la dissolution de ce mariage.

(1) Marcadé.

La reconnaissance valablement faite forme un titre définitif pour l'enfant naturel : la reconnaissance est un aveu ,
un fait et par conséquent de sa nature *irrévocable*.

Quand la reconnaissance est *nulle*, c'est-à-dire n'a aucune
existence légale, tout intéressé peut en tout temps en opposer la nullité. Elle est nulle : quand elle a été faite par
une personne, autre que le père ou la mère , non munie
de leur procuration spéciale et authentique; lorsqu'elle a été
reçue par un officier public incompétent ; lorsqu'elle a été
faite par le père et la mère actuellement en état de démence;
lorsqu'elle a été rédigée par acte sous seing privé.

Si la reconnaissance existe, mais entachée d'un vice, elle
est *annulable*, ce qui arrive quand elle a été extorquée par
violence, surprise par *dol*, donnée par *erreur* (1). Annulable,
son auteur peut la faire tomber, en établissant qu'elle est
vicieuse , mais il ne peut, quant au vice d'erreur, la faire
révoquer que pour erreur de fait et non pour erreur de
droit.

Mais quand la reconnaissance est valable, lorsqu'elle a
été faite librement, spontanément, peut-elle être contestée
comme non véritable, non sincère? La solution de cette
question est douteuse à l'égard seulement de l'auteur lui-
même de la reconnaissance. La jurisprudence semble pen-
cher pour l'affirmative (2). Il est évident qu'il faut, si l'affirmative est vraie, des preuves bien manifestes de la non-
paternité ou de la non-maternité. Nous croyons aussi que
celui-là, qui a fait une reconnaissance mensongère, doit être
admis à la dénoncer et à en demander la nullité, car cette

(1) Art. 1100, 1356, 1357.
(2) Cass., 7 mai 1830, Dev., 1830, I, 574; Paris, 23 juillet 1853, Dev.,
1854, II, 320.

reconnaissance créant une paternité qui réellement n'existe pas, est un acte contraire aux bonnes mœurs et à l'ordre public (1).

Pas de doute maintenant quant aux autres personnes intéressées à attaquer la reconnaissance : c'est d'abord l'enfant reconnu, son intérêt est moral et pécuniaire, mais tandis que l'enfant légitime ne pourrait soulever une réclamation qui aurait pour conséquence d'en faire un enfant adultérin, il suffit à l'enfant naturel de prouver qu'il n'est pas le fils de la personne qui l'a reconnu (2); ce sont ensuite les père, mère et tuteur de l'auteur de la reconnaissance, leur intérêt est moral et pécuniaire, éventuellement au moins, seulement les preuves leur seront difficiles ; ce sont enfin les autres personnes qui ont reconnu ou qui veulent reconnaître l'enfant. Ainsi un homme, qui s'est reconnu père de l'enfant, pourrait contester la reconnaissance de la femme qui déclarerait en être la mère et réciproquement. De même un homme ou une femme ayant revendiqué la paternité ou la maternité, pourrait contester la reconnaissance d'un autre prétendu père ou d'une autre prétendue mère et réciproquement. Il y a plus, si l'enfant a été reconnu par plusieurs pères ou par plusieurs mères ou par plusieurs pères et mères, chacun des reconnaissants pourra contester la reconnaissance des autres. Maintenant, si nous supposons l'enfant reconnu par plusieurs hommes ou plusieurs femmes, sans que l'un des

(1) Paris, 14 déc. 1833, D., *rép.*, v° *Pat. et fil.*, n° 581 ; Aix, 22 déc. 1852, D. P., 54, II, 121.

(2) La reconnaissance peut, en effet, attribuer à l'enfant un état qui n'est pas le sien, et comme l'action en contestation d'état est imprescriptible, il peut, en tout temps et par toute espèce de moyens, même par de simples présomptions, prouver qu'il n'est pas issu de la personne qui l'a reconnu.

auteurs prétendus ne fasse annuler la reconnaissance des autres, nous arriverons à une hypothèse à laquelle on a voulu donner des solutions différentes, mais qui est en réalité insoluble.

§ 2. — *Preuve testimoniale.*

La reconnaissance volontaire, nous venons de le voir, peut être l'aveu soit de la maternité, soit de la paternité. Il n'en est pas de même pour la réclamation d'état d'enfant naturel : la recherche de la maternité est permise, tandis que la recherche de la paternité est interdite (1).

L'enfant qui recherche sa mère doit prouver l'accouchement de la femme dont il se prétend issu, et son identité avec cet enfant dont elle est accouchée. Ces deux faits se prouvent par témoins.

Quand il s'agit de filiation légitime, la preuve testimoniale n'est reçue qu'avec un commencement de preuve par écrit, ou que si la prétention de l'enfant est rendue vraisemblable par des indices graves et constants.

En cas de filiation naturelle, au contraire, la loi est plus difficile : elle n'admet la preuve testimoniale que sous la seule condition d'un commencement de preuve par écrit. Mais faut-il regarder, comme commencement de preuve écrite, non-seulement les actes émanés du défendeur, mais encore, comme en matière de filiation légitime, les actes émanés d'un tiers qui, s'il était vivant, aurait un intérêt opposé à celui de l'enfant? En droit commun, on ne peut admettre que les actes émanés du défendeur comme com-

(1) Art. 310, 311.

mencement de preuve par écrit, et l'exception qui y est apportée dans l'article 324 se justifie par la faveur attribuée à la filiation légitime. Mais les situations sont analogues et dans l'article 324 et dans l'article 341 ; la loi n'aurait pu parler deux fois, sans s'en expliquer, dans le même titre, du commencement de preuve littérale, et lui donner deux sens différents. On ne peut d'ailleurs argumenter de l'article 1347 contre l'article 324, car au moment où a été fait l'article 324, l'article 1347 n'existait pas encore.

L'interdiction de la recherche de la paternité est une exception au droit reconnu à l'enfant de faire constater sa filiation, afin de pouvoir exercer les droits découlant pour lui des rapports de parenté. Le motif classique de la défense de la recherche de la paternité, c'est l'incertitude des preuves à fournir, l'impossibilité presque complète d'établir la paternité, c'est aussi la crainte du scandale. La véritable origine de l'article 340 est dans l'histoire de la recherche de la paternité. Cette prohibition actuelle est une réaction contre les abus du système pratiqué dans notre ancien droit.

Dans notre ancienne jurisprudence, en effet, on avait admis que la fille enceinte ou mère pouvait, par sa seule déclaration authentiquement faite, indiquer quel était le père de son enfant, afin qu'il pût être judiciairement contraint à fournir les aliments indispensables à la mère et à l'enfant. C'était la fameuse maxime du président Fabro, ainsi formulée : « *Creditur virgini dicenti se ab aliquo cognitam et ex eo prægnantem esse ; meretrici, non item, quanquam si constet habitasse meretricem cum eo, a quo se dicit cognitam, locus esse potest condemnationi fiduciariæ.* » Cette règle, en pleine vigueur à la fin du quinzième siècle, devint le fléau de la société, et au dix-huitième siècle elle était attaquée partout. Le souvenir des scandales honteux, dont elle avait été la cause, a jeté d'un extrême dans un autre nos législateurs modernes.

Pendant longtemps, l'article 340 fut regardé comme une nécessité sociale, et aujourd'hui on considère comme injuste et funeste dans ses conséquences cette défense absolue. Sans doute, il est plus difficile de constater le fait de la paternité que celui de la maternité; mais l'impossibilité de prouver la paternité n'est pas réelle, car les faits matériels ne sont pas les seuls qui soient susceptibles de preuve. Les circonstances peuvent être telles qu'elles rendent l'existence de la paternité, non point certaine, mais du moins qu'elles l'établissent avec le degré de probabilité la plus grande. L'article 340 lui-même est la preuve de cette idée. Dans une seule exception, dans le cas d'enlèvement, la paternité peut être recherchée lorsque l'époque de l'enlèvement se rapporte avec celle de la conception. Ainsi, notre législateur lui-même n'a pas regardé la preuve de la paternité comme impossible, et la présomption de paternité ne pourrait-elle donc pas exister dans d'autres cas que celui de la coïncidence d'un enlèvement et de la conception, par exemple dans l'hypothèse d'un concubinage avoué, certain, non dissimulé?

L'article 340 est injuste, avons-nous dit, et en effet il est un déni de justice pour l'enfant, et il met à la charge d'une fille mère, laissée dans l'isolement, les suites d'une faute qu'elle n'a certainement pas commise toute seule,

Il est funeste au point de vue moral, en affranchissant l'homme de la responsabilité que la paternité impose, et en permettant au père de se dérober, insouciant du mal qu'il a fait et bien vite oublié, à l'accomplissement de son premier devoir. Il est funeste à l'existence des enfants naturels : les statistiques démontrent en effet que les enfants naturels sont atteints par la mortalité dans des proportions incomparablement plus grandes que les enfants legitimes. Cela ne doit pas surprendre, car aucune misère n'est comparable à la détresse physique et morale de la fille abandonnée, parce qu'elle est enceinte ou parce qu'elle est mère (1).

Quant au scandale, est-il plus à redouter dans la recherche de la paternité que dans celle de la maternité, ou dans l'action en désaveu, ou dans les poursuites pénales contre l'auteur d'un viol? Est-il plus redoutable dans d'autres cas que dans celui d'un enlèvement? En définitive, on ne peut enlever à l'enfant son droit contre son père, parce que l'action qu'il est forcé d'intenter est susceptible de causer un scandale, contre lequel, du reste, il est facile de prendre des précautions, et il ne faudrait pas, dans l'intérêt de celui qui

(1) M. Boudant, *à son cours.* — M. Chauffard, *Discours prononcé à l'Académie de médecine, dans la séance du 28 décembre 1869.* — M. Morolot, *De la reconnaissance des enfants illégitimes*, p. 257 et suiv. — M. Legoyt, *La France et l'étranger, étude de statistique comparée*, § 4, p. 487.

Citons le passage suivant de M. Valette sur *Proudhon* (t. II, p. 131, n° II) : « Est-il vrai que le but de la loi ait été de détourner des unions
« illicites par la considération du sort malheureux des infortunés qui en
« naissent? Cette considération est sans doute très-importante pour la
« femme qui n'est plus admise à désigner le père de l'enfant, et à lui impo-
« ser judiciairement les charges de la paternité; mais il n'en est pas de
« même quant à l'homme; car, certainement, la règle qui prohibe en prin-
« cipe la recherche de la paternité, ne peut avoir aucune influence pour la
« détourner d'un commerce illicite. Bien loin de là, cette règle doit avoir,
« comme l'expérience le prouve, un résultat entièrement opposé. En effet,
« l'homme qui a un enfant naturel sait très-bien qu'il dépend de lui, et
« qu'il lui sera facile, quand bon lui semblera, de reconnaître son enfant
« naturel, et qu'en attendant, il peut vivre dans une sécurité parfaite, sans
« avoir à craindre, comme autrefois en France et comme aujourd'hui même
« dans plusieurs autres pays de l'Europe, un procès en recherche de pa-
« ternité. »

a commis la faute, en faire retomber le poids sur celui-là qui, seul, n'en devrait pas porter la responsabilité.

§ 3. — *Possession d'état.*

La loi ne fait pas mention de la possession d'état comme preuve de la filiation naturelle. En matière de filiation légitime, la possession d'état sert à prouver l'identité du réclamant qui présente un titre, et fait, à défaut de titre, preuve complète de la filiation, c'est-à-dire de l'accouchement et de l'identité. Le Code, par son silence, a-t-il voulu exclure ou a-t-il pensé sous-entendre la possession d'état comme preuve de la filiation naturelle ? La possession d'état a certainement son utilité en filiation naturelle pour prouver l'identité de celui qui possède un acte de reconnaissance et pour faciliter la recherche de la maternité introduite sur un commencement de preuve par écrit. Mais cette possession d'état peut-elle servir de preuve directe, indépendamment de titre ou de commencement de preuve par écrit ?

Il y a une trentaine d'années, cette question n'était pas même soulevée, et aujourd'hui, on est bien près d'admettre que la possession d'état prouve la filiation naturelle comme elle fait preuve de la filiation légitime.

Cette théorie est le résultat d'une fausse interprétation de l'article 336. L'indication de la mère, faite par le père dans un acte de reconnaissance, est nulle en droit ; mais, a-t-on dit, cette désignation de la maternité, confirmée par l'aveu de la mère, prouve la filiation naturelle. L'aveu de la mère pourra être fait à toute époque, et il résultera d'écrits privés, de soins donnés, etc., et le plus souvent de la possession d'état. Par conséquent, la possession jointe à l'imputation de maternité faite dans un acte de reconnaissance prouve la maternité. Cela est de jurisprudence (1). On ne devait pas s'en tenir-là, et ce n'est plus seulement dans l'acte de reconnaissance que la mère est utilement désignée quand elle apporte aussi elle-même son témoignage tacite, c'est encore dans l'acte de naissance, et non plus seulement par le père, mais à présent par les déclarants. Ainsi, toute imputation de maternité, soit dans un acte de reconnaissance, soit dans un acte de naissance, corroborée par la possession d'état, fait preuve de la filiation naturelle maternelle. Ces deux résultats sont admis et ne sont plus discutés en jurisprudence (2).

Plus logique, la doctrine a été plus loin, et elle a dit : l'imputation de maternité faite par le père ou les déclarants est nulle ; cette désignation du nom de la mère ne prouve rien ; ce qui fait preuve, c'est la possession d'état. Aussi des auteurs ont admis que la possession d'état à elle seule prouve la maternité, sans qu'il soit besoin d'un titre de reconnaissance ou de naissance contenant l'indication de la mère, et indépendamment d'un commencement de preuve par écrit. Mais d'après ces auteurs, si la recherche de la maternité est admise, la possession d'état d'enfant naturel ne peut au contraire servir à prouver la paternité, parce qu'aux termes de l'article 340, la recherche de la paternité est défendue (3).

(1) Cass., ch. civ., 30 nov. 1808, D., 70, I, 21 ; Cass., ch. req., 7 janv. 1852 ; D., 52, I, 75 ; Bordeaux, 11 mars 1853, D., 54, II, 260 ; Paris, 18 mai 1865, D., 66, III, 24.

(2) Dijon, 2 juillet 1808, D. P., 00, II, 01 ; ch. civ., rej., 10 nov. 1850, D. P., 56, I, 412 ; Paris, 10 mai 1851, D. P., 53, II, 114.

(3) Delv., t. I, p. 00 ; Proudh., II, p. 113 ; Dur., III, n° 238 ; Bonn., *Traité des preuves*, n° 111.

M. Démolombe a exposé enfin une doctrine toute nouvelle, à laquelle se sont ralliés MM. Valette et Oudot.

Selon l'éminent professeur, là possession d'état équivaut à une reconnaissance; c'est une reconnaissance tacite ayant une force probante plus énergique encore que la reconnaissance expresse, et devant à elle seule, indépendamment d'un commencement de preuve écrite, prouver la filiation naturelle tant à l'égard du père qu'à l'égard de la mère. La reconnaissance expresse est un fait isolé qui peut être irréfléchi, la conséquence d'une surprise, tandis que la reconnaissance tacite est une série d'aveux se reproduisant chaque jour aux yeux mêmes de la famille et de la société. Cet aveu tacite prouve en outre l'identité de l'enfant que l'autre ne renferme pas. Si donc la reconnaissance tacite prouve davantage qu'une reconnaissance écrite, pourquoi ne pas lui attribuer le même effet? Les travaux préparatoires viendraient confirmer cette idée sur laquelle repose le système tout entier.

Cette doctrine nouvelle est en faveur, cependant il paraît bien difficile d'admettre que telle ait été la pensée des rédacteurs du Code Napoléon. Les travaux préparatoires sont rien moins que concluants à l'égard de la preuve par la possession d'état d'enfant naturel. Ce système peut être une protestation ingénieuse contre les restrictions apportées par la loi à la recherche de la filiation naturelle. Mais, si la loi est défectueuse, il vaut mieux l'appliquer telle qu'elle est pour en avoir raison, que de chercher à la tourner par des combinaisons habiles.

L'article 334 n'admet la reconnaissance que si elle est faite par acte authentique; il ne suffit pas qu'elle soit expresse, formelle, il faut qu'elle soit rapportée dans un acte écrit authentiquement. Il y a cependant une certaine différence entre une reconnaissance tacite et une reconnaissance expresse et par acte authentique.

Quand il s'agit de légitimer un enfant naturel par mariage subséquent, il faut qu'il soit reconnu avant le mariage ou au plus tard dans l'acte de célébration. Il est évident que pour cette légitimation, la possession d'état au moment du mariage est insuffisante. Alors que devient donc l'article 331 ?

Pourquoi encore la loi a-t-elle reconnu le titre, les témoins, la possession d'état comme moyens de preuve de filiation légitime, et ne parle-t-elle que du titre et des témoins quand elle s'occupe des enfants naturels ? Que faire des articles 340 et 341 qui prohibent la recherche de la paternité absolument, et la recherche de la maternité qui n'est pas rendue vraisemblable par un commencement de preuve ? Est-ce répondre que dire que la demande formée par celui qui jouit de la possession d'état d'enfant naturel dans le but de faire déclarer sa paternité ou maternité naturelle, ne constitue pas une action en recherche de paternité ou de maternité, parce que sa filiation est avouée, certaine, et qu'il n'a pas à rechercher ce qu'il possède ? Cette argumentation n'est, en effet, qu'une pure pétition de principe, car il s'agit précisément de savoir si la possession d'état fait, de même que la reconnaissance formelle, preuve légale, complète de la filiation naturelle. Dans tous les cas, la situation de l'enfant est bien différente, selon qu'il s'appuie sur une reconnaissance authentique ou selon qu'il base ses prétentions sur une possession d'état ; défendeur dans la première hypothèse sur la question d'état, il serait demandeur dans la seconde : la possession d'état étant déniée, il doit pour en démontrer l'existence, produire des témoins et agir au moins indirectement en recherche de sa filiation (1).

SECTION DEUXIÈME.

Enfants adultérins ou incestueux.

La loi ne permet en aucun cas la révélation d'une filiation aduldérine ou incestueuse : elle en défend la reconnaissance faite soit volontairement, soit judiciairement, et elle exclut même en termes exprès du bénéfice de la légitimation les enfants nés d'un commerce adultérin ou incestueux.

Il n'est pas douteux que les enfants incestueux, dont les auteurs parents au degré prohibé ont obtenu les dispenses nécessaires, ne puissent pas plus être légitimés par mariage subséquent que les enfants nés d'un commerce adultérin. La jurisprudence distingue cependant à ce sujet les enfants incestueux des enfants adultérins. Elle n'a jamais admis que ces derniers pouvaient être légitimés mais il a été plusieurs fois jugé que l'enfant incestueux pouvait être légitimé par le mariage subséquent de ses auteurs (2). C'est la négation for-

(1) Aubry et Rau *sur Zach.*, t. IV, p. 605 et 704 ; Marc., art. 342 ; Dom., t. II, nº 67 *bis.*

(2) Prados, 5 mars 1847, D. P., 47, III, 100 ; Paris, 14 juin 1858, D. P., 58, II, 151 ; Amiens, 14 janv. 1864, D. P., 64, II, 121 ; ch. req., 22 janv. 1807, D. P., 07, I, 5 ; ch. civ., 22 janv. 1867, D. P., 67, I, 10 ; ch. civ., 22 janvier 1867, D. P., 67, I, 10 ; Contrd, Domol. ; Aubry et Rau ; Val. ; Beudant, *Dissertation,* D. P., 1867, I, p. 5.

melle de la loi, car l'article 331 ne distingue pas et l'article 335 non plus.

Ainsi, en aucun cas, la filiation criminelle ne doit être constatée. Mais comment se fait-il alors que les articles 762 et 908 restreignent le droit des enfants incestueux et adultérins sur la succession de leur auteur à un simple droit alimentaire ? Les articles 335 et 342 s'opposent formellement à la révélation de la filiation, mais les articles 762 et 908 supposent cette filiation légalement constatée. Ces dispositions sont donc contradictoires.

On a donné pour les concilier plusieurs explications dont deux seulement méritent une attention sérieuse:

1° Les articles 335 et 342 ne frappent pas de nullité les reconnaissances intervenues ; les enfants adultérins et incestueux ne peuvent être reconnus, mais si en fait ils le sont, on ne peut plus leur enlever cette reconnaissance. On a même été jusqu'à dire que la possession d'état pouvait établir cette filiation résultat d'un commerce coupable. M. Demolombe a reculé cependant devant cette conséquence. Cette première explication n'est pas concluante, car si les reconnaissances sont prohibées, c'est qu'apparemment il ne faut pas tenir compte des reconnaissances faites.

2° Les différentes dispositions législatives qui accordent certains droits, qui infligent certaines incapacités aux enfants adultérins et incestueux ne peuvent recevoir leur application que dans certaines hypothèses exceptionnelles où, contrairement au vœu de la loi, la filiation se trouve légalement établie. Cela peut se présenter dans deux cas :

1° Lorsque, par application des articles 325, 312 et 313, il a été judiciairement établi qu'un enfant conçu par une femme mariée n'avait point pour père le mari de sa mère;

2° Lorsque des enfants sont issus d'un mariage qui ayant été contracté de mauvaise foi par les deux époux aura été annulé pour cause de bigamie ou d'inceste. Et encore ce résultat d'un mariage entaché d'inceste ou de bigamie est-il fortement controversé.

CHAPITRE QUATRIÈME.

Action en réclamation d'état.

On appelle action en réclamation d'état en général toute action par laquelle on réclame un état auquel on prétend avoir droit et qu'on n'a pas en fait. On nomme plus spécialement action en réclamation d'état la recherche faite en justice de la maternité, soit légitime, soit naturelle, ou de la paternité naturelle dans le cas prévu par l'article 340.

Cette action, on le comprend, a une importance exceptionnelle ; toutes les questions d'état, quand elles sont portées en appel, sont jugées par deux chambres de la Cour réunies en audience solennelle (1).

Les actions en réclamation d'état font exception à quelques règles de droit commun :

1° *Elles ne sont jamais portées que devant les tribunaux civils.* Ainsi les tribunaux de commerce (2), les justices de paix (3)

---

(1) Décrets, 30 mars 1808, art. 22 ; 6 juillet 1810, art. 7.

(2) Ordonnance de 1673, tit. XII, art. 9 ; art. 426, C. pr.; Demolombe, V, p. 111.

(3) Art. 14, C. pr.; Zachariæ, t. III, p. 600; Val. sur *Proudh.*, II. p. 113; Demol., V, p. 242.

n'ont jamais, même incidemment, pouvoir de trancher une question d'état. De même les tribunaux criminels ne sont jamais compétents, et cela est remarquable (1). Un enfant peut être *accidentellement*, par erreur, privé de son état, mais cela est excessivement rare ; il en est habituellement dépossédé *criminellement*, par suite de destructions, de faux ou omissions volontaires commis sur les registres de l'état civil. Néanmoins, dans un cas comme dans l'autre, la réclamation de l'enfant est toujours portée devant les tribunaux civils. Cependant, du crime de suppression d'état, comme de tout fait délictueux, naissent deux actions : l'une *publique*, l'autre *civile*. Dans les cas ordinaires, la partie lésée peut, à son choix, porter son action civile *principalement* devant la juridiction civile, ou *incidemment* devant le tribunal criminel saisi de l'action publique (2). D'où vient donc cette dérogation que les tribunaux civils seuls sont compétents pour connaître des actions en réclamation d'état? D'une erreur législative. On est parti de cette idée que la preuve testimoniale, toute nue, était toujours nécessairement admise devant les tribunaux criminels, et on a voulu éviter que le réclamant qui n'avait pas de commencement de preuve, en portant plainte au criminel, arrivât, par ce moyen, à l'enquête qu'il n'aurait pu obtenir au civil. Point de départ complètement faux, car l'admissibilité de la preuve testimoniale dépend de la nature des faits à vérifier et non des juridictions, et aucune d'elles ne saurait admettre des moyens de preuve autres que ceux que la loi autorise.

(1) Art. 326.

(2) Art. 3, I. cr.

2° En droit commun, le criminel tient le civil en état (1). En outre, l'exercice de l'action publique n'est pas arrêté par l'inaction ou la renonciation à l'action de la partie civile. Dans une question de filiation, il en est tout autrement : d'abord, *c'est le civil qui tient le criminel en état ;* ensuite, *l'action publique est paralysée, le ministère public est empêché d'agir tant que la partie civile n'a pas agi au civil* pour faire juger la question d'état qui l'intéresse (2).

L'article 327 n'est que la conséquence nécessaire de l'article 326. Le législateur a cru que la juridiction criminelle offrait moins de garantie pour statuer sur la question d'état que la juridiction civile, et il devait naturellement craindre que les décisions prises au criminel, dans lequel les témoins seraient entendus *de plano,* n'exerçassent une influence même indirecte sur la question d'état encore civilement entière.

Les articles 326 et 327 sont-ils applicables en matière de filiation naturelle? En autres termes, devant quels tribunaux faut-il porter l'action en réclamation de maternité ou de paternité naturelle?

En ce qui touche la recherche de la maternité, on s'accorde à regarder les articles 326 et 327 comme régissant les enfants naturels. Mais, quant à la recherche de la paternité, la question est plus délicate. Dans un système, on applique l'article 326, à cause de ses termes absolus, mais on repousse l'article 327, parce que la décision des juges au criminel, sur le fait de l'enlèvement, ne préjuge en rien le fait de la paternité et qu'on n'exige pas de celui qui re-

(1) Art. 3-2°, I. cr.
(2) Art. 327.

cherche la paternité naturelle un commencement de preuve par écrit. Ce système, soutenu par l'autorité de M. Demolombe, nous semble préférable à l'opinion de ceux qui, sans se préoccuper de ces deux articles, veulent rentrer dans le droit commun (1), parce que, dans ce cas, au civil comme au criminel, les moyens de preuve sont les mêmes, ou de ceux qui prétendent au contraire qu'ils sont tous les deux applicables également, parce que l'article 326 étant absolu dans ses termes, renferme une maxime générale, et parce que l'article 327 n'a été, dans la pensée des rédacteurs, que la conséquence nécessaire de l'article 326 (2).

3° *L'action en réclamation d'état est imprescriptible.* — La personnalité d'un individu, les qualités constitutives de son état sont indépendantes de la volonté, de sorte que toute personne ne peut renoncer ni expressément, ni tacitement à son état. L'action en réclamation d'état est donc imprescriptible, parce que la prescription est une renonciation tacite.

Il résulte encore du principe que l'état d'une personne n'est pas dans le commerce, que les actions d'état ne sont pas susceptibles ni de compromis, ni de transaction, ni d'aucune convention ; que l'enfant qui aurait perdu sa cause dans une action d'état ne pourrait acquiescer expressément au jugement qui aurait rejeté sa demande (3) ; qu'on ne saurait opposer au réclamant un aveu contraire à sa prétention. Mais pour l'imprescriptibilité de l'action en récla-

---

(1) Art. 1 et 3, I. cr.

(2) Marcadé, t. I, art. 342, n° 4. — Fenet, t. X, p. 158.

(3) L'acquiescement tacite subsiste toujours dans le fait de laisser passer sans se pourvoir le délai d'appel.

mation d'état, il faut distinguer le côté moral du point de vue pécuniaire : si cette action est imprescriptible à l'égard de l'enfant, c'est en tant seulement qu'elle concerne son état, sa personne juridique ; car, pour les droits pécuniaires, l'action est soumise aux règles générales de la prescription.

L'enfant naturel a le droit de rechercher sa filiation, et dans sa personne, l'action en réclamation soit de la maternité, soit de la paternité, doit être également déclarée inaliénable et imprescriptible, bien que cela ait été contesté, et bien qu'il ait été décidé par quelques arrêts que les conventions et les transactions étaient valables quant à son état et son droit de rechercher en tout temps sa filiation ; les articles 6, 328, 1128 et 2045, C. N. et 1004, C. proc., résistent à toute transaction, toute renonciation semblable.

QUESTIONS DE DROIT.

—

I. — En général, lorsque deux personnes de sexe différent, *honnêtes*, de même rang, entre lesquelles il n'éxiste
aucun empêchement au mariage, vivent ensemble, elles
sont légitimement mariées.

II. — La maxime *pater is est quem nuptiæ demonstrant*
est applicable en droit romain.

III. — Cette présomption *pater is est....* peut être combattue par tous les moyens possib.es.

IV. — La preuve de la maternité peut se faire par témoins,
les Lois 2, 3 et 4, C., 4, 20, et la Loi 0, C., 5, 4, sont en contradiction.

V. — L'enfant né moins de cent quatre-vingts jours depuis le mariage, ou plus de trois cents jours après la dissolution de l'union ; peut être déclaré légitime.

VI. — L'enfant issu du concubinat peut réclamer des aliments non seulement à ses parents maternels, mais encore
à ses parents paternels.

VII. — La sentence rendue sur une question d'état entre
l'enfant et les contradicteurs légitimes avait un effet absolu.

HISTOIRE DU DROIT.

I. — La jouissance légale des père et mère sur les biens de leurs enfants n'est pas d'origine féodale et coutumière, mais d'origine romaine.

DROIT CIVIL FRANÇAIS.

I. — L'article 203, C. N., donne à l'enfant une action qui peut être exercée, pendant le mariage, par l'un des époux contre l'autre, et, après la dissolution de l'union, par le subrogé-tuteur et par le tuteur, si le survivant des conjoints n'a pas la tutelle.

II. — Le père administrateur légal doit, pour les actes en dehors de l'administration, demander l'autorisation du tribunal et non celle du conseil de famille.

III. — La mère a, conformément à l'article 379, le droit de pardonner à l'enfant, sans l'intervention des deux plus proches parents paternels dont elle avait requis le concours d'après l'article 381.

IV. — La clause d'une donation ou d'un legs fait à l'enfant pour laquelle l'administration légale des biens donnés ou légués serait enlevée au père doit être réputée non écrite.

V. — Les tribunaux ont un pouvoir de contrôle supérieur réglementaire de l'exercice de l'autorité paternelle.

VI. — L'enfant né moins de cent quatre-vingts jours après la célébration du mariage vient au monde légitimé.

VII. — L'enfant né plus de trois cents jours après la dissolution de l'union conjugale est illégitime.

VIII. — Le tuteur *ad hoc* de l'article 318, C. N., doit être nommé conformément aux articles 405 et suivants du Code civil.

IX. — La reconnaissance d'un enfant naturel n'a d'effet qu'à l'égard de celui qui l'a faite.

X. — La possession d'état ne fait pas preuve de la filiation naturelle.

XI. — La reconnaissance faite par un des époux, pendant le mariage, d'un enfant naturel qu'il aurait eu d'un autre que de son conjoint donne à cet enfant droit aux aliments et à l'éducation.

XII. — La légitimation d'un enfant incestueux, lorsque les père et mère ont obtenu du gouvernement les dispenses nécessaires à leur mariage, est impossible autant que celle d'un enfant adultérin.

DROIT PÉNAL.

I. — Le père, ou la mère, privé de la puissance paternelle, en vertu de l'article 335, C. P., est déchu de son autorité d'une manière absolue, mais à l'égard seulement de l'enfant victime du délit.

II. — La seule tentative d'avortement ne tombe pas sous le coup de notre loi pénale.

DROIT ADMINISTRATIF.

I. — Le conseil de préfecture est compétent pour statuer sur les dommages permanents causés par l'exécution de travaux publics.

DROIT DES GENS.

I. — Une puissance neutre qui se rend adjudicataire d'un navire capturé sur une puissance belligérante ne fait pas acte d'hostilité. Mais la neutralité est violée par la tolérance d'un gouvernement qui laisse ses nationaux libres de contracter des entreprises de fournitures de guerre à l'une des parties belligérantes.

II. — L'extradition est facultative pour chaque état, et les traités seuls peuvent en régler l'application. Elle ne doit jamais avoir lieu pour crime politique, mais seulement pour crime contre l'ordre social.

Vu par le Président de la thèse,
CH. BEUDANT.

Vu par le Doyen de la Faculté,
G. COLMET-DAAGE.

Vu et permis d'imprimer :
Le Vice-Recteur de l'Académie de Paris,
A. MOURIER.

TABLE DES MATIÈRES.

—

—

DEUXIÈME PARTIE,

DROIT CIVIL FRANÇAIS.

ERRATA.

	AU LIEU DE :	LISEZ :
Page 12, note 4 :	L. 12, C., 3, 5	L. 5, C., 12, 3.
— 14, note 2 :	L. 10, C., 8, 48	L. 10, C., 8, 47.
— 14, note 3 :	Liv. V, c. 28.	Liv. V, c. 8.
— 104, ligne 26 :	l'invention.	l'intention.
— 107, ligne 22, ne pas lire les mots :		ou au survivant,

Pressé par le temps, il nous est impossible de signaler d'autres errata.

BEAUVAIS, IMPRIMERIE E. LAFFINEUR.

www.ingramcontent.com/pod-product-compliance
Ingram Content Group UK Ltd.
Pitfield, Milton Keynes, MK11 3LW, UK
UKHW020159130726
13696UKWH00002B/598